ディズニーとマクドナルドに学んだ最強のマネジメント

中澤一雄

宝島社

はじめに

私は、両親から就職に際して大企業はなかなか出世が難しいので、将来伸びる会社に就職をしなさい、とのアドバイスを受けて、1973年当時、20店舗しかないマクドナルドに新卒の2期生として52名の同期とともに入社しました。

その後、3年間のマクドナルドシカゴ本社勤務を経て、オペレーション部門のディレクター、マーケティング部門のシニア・ディレクターを歴任。その後、ディズニーストアのシニアダイレクター、KFC（ケンタッキーフライドチキン）の常務取締役を経てウォルト・ディズニーのコンシューマープロダクツの日本代表に着任します。

偶然にも、大型の米国上場株式30銘柄で構成するNYダウ平均の中にマクドナルド（時価総額1955億ドル）とウォルト・ディズニー（1929億ドル）が採用されており、この業界最高の両社にそれぞれ25年、13年間トップマネジメントとして勤め上げ、多大な成果を残すことができました（ちなみに、その他30社の銘柄はIBM、コカ・コーラ、マイクロソフト、ＡＭＥＸ、ボーイング、アップル、インテル、ナイキ、ＶＩＳＡなどグローバルな優良企業が採用されています）。

本書はマクドナルドとディズニーの事例を紹介・分析することで、外資の合理的なマネジメントを読者の皆様に学んでいただくことを企図しています。

ただ、その前に、現在の日本の社会・経済・企業文化（経営方法や労働環境など）が抱えている問題点を明らかにする必要があります。

なぜなら、バブル崩壊後から約35年が経った現在の日本では、いまだその傷跡は癒えず、むしろ、円安・物価高で悪化の一途をたどっているからです。また、一人当たりのＧＤＰはＧ７で最下位、日本企業の生産性はアメリカの約半分、労働者の賃金は約35年間でアメリカは２・８倍に対し、日本はほぼ横ばい、大学を主とした高等教育の低下、女性の管理職への登用率の低さ、日本の従業員のエンゲージメントの低さ……など日本社会が抱える課題は山積みです。この点を無視して、外資のマーケティングやマネジメントを論じたり、実践したりしても、それは結局、砂上の楼閣に終わるでしょう。

加えて、グローバルな視点に立つことで、日本企業に足りないものを確認する必要があります。このままでは新自由主義とともに従来の冷戦時代の資本主義体制を揺るがすグローバル化の流れに日本は対応できず、アメリカやインド、中国などの大国（覇権国家）の後塵を拝することになるのは明白だからです。

以上のことを踏まえて、初めてマクドナルドとディズニーの外資のマネジメントを学ぶことができるのです。

つまり、本書は外資のマネジメントやマーケティングなどの経営戦略の分析を中心に据えつつ、凋落《ちょうらく》した（あるいは凋落しつつある）日本経済・社会の復活のための提言も視野に入れているのです。

この2つは車の両輪であり、不可分なものです。日本の現在の状況から目を背けて、いたずらに外資の経営戦略を学んでも、それを日本の企業文化に根付かせるのは至難の業《わざ》だからです。

そのような本書の基本方針を踏まえ、第1章では、日本のビジネスや経済などのデータをもとに〝沈みゆく日本〟を分析することで、なぜ、日本経済が低迷しているのか、その内在的論理を探っていきます。

第2章ではアメリカでの実例をもとに、海外でいかに合理化・効率化がなされているのかを、具体例を交えて分析します。と同時に、グローバルスタンダードから、いかに日本社会がかけ離れているかを浮き彫りにします。

第3章と第4章では、かつて私が勤務していたマクドナルドとディズニーを例にとり、両社の成功と躍進を支えたマネジメントの真髄を紐解《ひもと》いていきます。

最後に第5章では、現在私がコンサルタントを務めている会社の成功事例を紹介することで、外資流の合理的・効率的経営をいかに日本に導入するか、その方法論について述べます。この章で紹介する外資のやり方を取り入れれば、必ず日本企業は成功します。

本書が日本の未来を切り開くための指針となり、読者の皆様の意識改革の一助になることを切に願っております。

中澤一雄

CONTENTS

ディズニーとマクドナルドに学んだ最強のマネジメント【目次】

第2章 効率的なグローバルスタンダード

第3章 マクドナルドの最強戦略

第4章 ディズニーの最強戦略

第5章 外資系のやり方で日本企業は甦る

第1章

日本が置かれている厳しい現状

日本の経済やビジネスの現状

バブル崩壊後の35年間で、日本経済は衰退の一途をたどっています。「失われた35年」とも呼ばれるこの期間、日本経済はもはや「危機的」状況に陥っているように感じます。このままでは、日本経済の崩壊が訪れかねません。

日本の経済およびビジネスの現状を正しく理解せず、これまで通りのやり方を続けても問題がないと考えている人は、事態の深刻さを認識していないのではないでしょうか。日本の経済およびビジネスがどれほど衰退しているかを直視することが必要かもしれません。

まず、国内総生産（GDP）を見てみましょう（次ページ参照）。

GDPとは「Gross Domestic Product」の略称で、一定の期間内に国内で産出され

■2023年度 世界名目GDPランキング(IMF統計)

順位	国名	百万USドル
1	アメリカ	27,357,825
2	中国	17,662,041
3	ドイツ	4,457,366
4	**日本**	**4,212,944**
5	インド	3,572,078
6	イギリス	3,344,744
7	フランス	3,031,778
8	イタリア	2,255,503
9	ブラジル	2,173,671
10	カナダ	2,140,086

IMFの統計データを参照して作成

■G7における1人当たりの名目GDPランキング

順位(世界)	国名	USドル
1(6)	アメリカ	81,632.25
2(18)	カナダ	53,547.72
3(19)	ドイツ	52,726.97
4(23)	イギリス	49,098.98
5(25)	フランス	46,000.80
6(28)	イタリア	38,325.84
7(32)	**日本**	**33,805.94**

IMFの統計データを参照して作成

たモノやサービスの付加価値の総額を表しています。その国の経済活動の状況を表す重要な指標と言えるでしょう。

日本は長らくアメリカ、中国に次いでGDP世界第3位を守ってきましたが、2023年度の名目GDPでは、ドル換算でドイツに抜かれ、世界第4位へと転落してしまいました。ドイツの人口は日本の約3分の2しかありません。通常、経済規模は人口に比例します。人口が多いほど消費が増えるためです。それにもかかわらず、日本はドイツにGDPで抜かれてしまい、2025年にはインドにも抜かれる見通しです。さらに、GDPを国民一人当たりに換算した「一人当たりGDP」でも、日本はG7諸国のうち、なんと最下位の第7位に陥落してしまいました（前ページ参照）。OECDでも34位となっており、これは由々しき事態です。円安の影響と考えられている読者も多いと思いますが、1990年のドル円平均為替は1ドル144円と、あまり現在と変わりありません。また、日本だけで見てもGDPは35年前からまったく伸びておらず、同じ貨幣で比較した場合、1990年と比べると1.3倍しか増えていません。一方、アメリカは35年間の間に4.5倍増加しています。

次に、世界の企業の時価総額ランキングを見てみましょう。

1989年の時点では、世界の株式時価総額トップ企業20社のうち、日本企業は実に14社もランクインしていたのですが、約30年後の2018年には同ランキングに日本企業は1社もランクインしていません。トップ50社まで広げたとしてもトヨタ自動車が34位にランクインしている以外は、すべて外国の企業が名を連ねています。このデータからも、いかに日本経済が没落したのか、この数十年間のあいだに日本がいかに世界の趨勢《すうせい》から乗り遅れたかがよくわかります。

平均株価も見てみましょう。1989年末の日経平均株価は3万8915円87銭でした。35年経った現在の日経平均株価は3万8525円95銭とほぼ変わりません。一方、アメリカを見てみましょう。1989年末のNYダウ平均株価は2753ドルで、2024年8月26日に過去最高の4万1196ドルを記録しました。アメリカは35年の間に約15倍も増えているのです。

日本企業がたまたま不調だったわけではありません。2021年の日本生産性本部の調査によると、2020年の日本における1時間当たりの労働生産性は49・5ドルで、アメリカの80・5ドルやドイツの76ドルに比べ、かなり引き離されてしまいました。

労働生産性とは、利益や人件費などの付加価値額を労働者数で割った数値のことを指します。少ない労働者で多くの利益を上げられれば「生産性が高い」、その逆だと「生産性が低い」ということになるわけです。その労働生産性がＯＥＣＤ（経済協力開発機構）加盟国36カ国のうち、日本は第23位だというのです。

ＯＥＣＤとは、ヨーロッパ諸国を中心に日本とアメリカを含む38カ国が加盟する国際機関です。それぞれの加盟国の出資比率を見ると、アメリカが18・3％で首位です。日本は、それに次いで8・5％も出資しているにもかかわらず労働生産性で23位なのです。なお、他に有給休暇取得率は最下位の38位となっています。

日本は「デジタル競争力」においてもかなり低位にとどまっています。デジタル競争力とは、デジタル技術をビジネス・政治・社会における変革の重要な推進力として活用する能力を数値化したものです。スイスのビジネススクールであるＩＭＤ（国際経営開発研究所）が発表したデジタル競争力ランキングによれば、２０２３年版では日本は過去最低の第32位。前年と比べて3ランクもダウンしています。項目別のランキングを見ると、「知見」では28位、「テクノロジー」で32位、「未来への準備」で32位と何もかもが低く惨憺《さんたん》たる結果になっています。現代社会は、デジタル技術を変革に生かす必要性があるにもかかわらず、多くの日本人はのんびりと構えているように思えます。

一方、日本人の賃金（給料）はどうでしょうか。

ＯＥＣＤは加盟諸国の年間平均賃金額のデータを公表していますが、２０２３年度のデータでは、日本が４万２１１８ドルだったのに対し、アメリカは７万７２２６ドルでした。なお、ＯＥＣＤの平均は５万５４２０ドル、韓国は４万７７１５ドルです。日本人の賃金は、ＯＥＣＤの中では最下位のグループに属しています。つまり、ほとんどの国の労働者はもっと稼いでいるのです。

しかも、日本の賃金は、30年間にわたってほぼ変化がありません。

１９９１年の日本の平均年収は４４７万円でしたが、その30年後の２０２１年の平均年収は４４３万円。30年経ってもほぼ同じ、いや、むしろちょっと下がっているというのが絶望的と言えるでしょう。一方、アメリカの平均年収は2・8倍、イギリスは2・7倍も伸びています。物価との比較で見ても、アメリカやイギリスは2・5倍と平均年収の伸びより低いのに対し、日本は1・2倍と平均年収の伸びを上回っています。つまり、日本の実質賃金は確実に下がっているのです。

ＧＤＰは人口×一人当たりの生産性なので、世界の人口が増えれば増えるほど伸びていきます。人口が増えれば消費が伸びるため、長期的に経済は成長し続けるからです（世界のＧＤＰは年間３％程度で成長しています）。アメリカやイギリスは、この30年間の世界経済の成長を、国民の平均年収に反映させることができているとも言えます。ところが、日本では、それができていないわけです。

このように失われた35年で日本経済は衰退しました。この本を読んでおられる読者の中には、「これから挽回すればいい」と考える人もいるかもしれませんが、ことはそんなに簡単ではありません。なぜなら、日本の人口はこれから減少していくからです。２０２３年、日本の人口は初めて80万人超も減ってしまいました。出生数が過去最少の75・８万人に対し、死亡数は過去最高の１５９・５万人と、出生数の倍以上になっています。出生率は２０２１年には１・３で２０１５年から下がり続けています。世界的に見ても１９２カ国中１８３位とかなり低い順位です。また、出生率が低い以前の問題として未婚率の高さがあります。２０２０年の日本における50歳までの未婚率は男性28・８％、女性17・８％で、これを同時に改善しないことには出生率は上がらないでしょう。一方、アメリカの人口は１９９３年が2・6億人、２０２３年が3・35億人と30年間で７５００万人、28％増加しています。特殊出生率は１・66、出生数は365万人です。また、移民を毎年100万人受け入れています。このように人口が増えているので、GDP1位を守れるわけです。

日本は少子化だけでなく、高齢化も進んでいます。65歳以上の人口は、人口全体の29%を占め、80歳以上の人口は10%を占めています。日本人の平均年齢は48・5歳で、その高さにおいて世界第2位です。さらに、2050年までに日本の人口は9500万人台、2060年には9000万人台を割ってしまうという予測も立てられています。

高齢者が増えて、若者が減るということは、生産労働人口が極端に減ってしまうことを意味しています。そして、GDPが下がり、当然の帰結として、若者たちへの税負担、社会保障費負担がかつてないほどまで増大することになるでしょう。

ゴルフをされる読者も多いと思いますので、少し変わった日本の凋落の例として、ゴルフトーナメントの優勝賞金の推移を見てみたいと思います。日本における優勝賞金の高い男子ツアーは、日本オープンゴルフ選手権といわれており、1990年は1800万円だった賞金が2024年には4200万円となっています。一方、アメリカの優勝賞金の高いPGAツアーは全米オープンゴルフ選手権とマスターズトーナメントといわれており、全米オープンゴルフ選手権は1990年に22万ドルだった賞金が2024年には430万ドルになり、マスターズトーナメントは1990年に22・5万ドルだった賞金が2024年には360万ドルになっています。34年前の賞金額は日米で大きく差がありませんが、日本オープンゴルフ選手権は34年間で賞金額がわずか2・3倍しか伸びていません。一方、アメリカは全米オープンゴルフ選手権が19・5倍、マスターズトーナメントが16倍と大きな伸びを見せています。日本の男子プロゴルフの人気がないという一因もありますが、このことは両国の経済格差を表す良い例だと思います。

話を戻しますが、実際、国の借金は増え続ける一方です。2024年3月末における国債や借入金などを合計した「国の借金」は1297兆1615億円で、過去最高を記録しています。

将来的に、若者世代で英語を習得する人が増えれば増えるほど、彼らは重い税負担にあえがなければならない日本を捨てて、海外で働き口を探すようになるでしょう。

経済がこれまで以上に衰退し、人口がどんどん減っていく中で、優秀な若者たちが続々と日本を捨てて海外に流出してしまったら……と考えると、ゾッとします。

日本のインテリジェンスも低迷中

日本の衰退は、ビジネスだけにとどまりません。

そのビジネスを支えている「インテリジェンス＝知性」もどんどん衰退しているのです。

皆さんは、日本の大学進学率はどれくらいだと思いますか？

若者のほとんどが大学に進んでいるだろうと思っている方が多くいらっしゃるのではないでしょうか。しかし、日本の大学進学率（短大を含む）は、実はG7諸国の中で最低なのです。ユネスコが調べた２０２０年の大学進学率を見ると、韓国が96・88％で首位、次いでアメリカが87・57％、ドイツは72・39％、イギリスは69・99％、イタリアは68・72％でしたが、対する日本はなんと62・14％しかありません。

日本よりもはるかに格差が大きい中国の大学進学率ですら62・24%なので、日本の大学進学率がどれほど低いかがわかります。

大学進学率が低いということは、当然ながら「高度人材」も育ちません。

IMDが調べた2021年度の世界競争力ランキングの高度人材の部門では、日本は64カ国中39位と下位に位置します。さらに、経営層の国際経験の有無という部門では64カ国中64位、つまりビリなのです。

要するに、日本企業のトップ層の国際経験は世界最低レベルだということです。

日本は、これから人口が極端に減っていき、これまで享受してきた「人口ボーナス」(人口が増えることで得られる経済的な恩恵)が、一転して「人口オーナス」(人口が減ることで受ける経済的な負担)に変わっていきます。この人口急減時代という国難を乗り越えるためには、英語ができ、国際感覚を持つ人材が必要でしょう。そのような中で日本の経営層が国際経験を持っていなくて本当に大丈夫なのでしょうか?

なお、IMDの世界競争力ランキングには学習到達度調査というものがあります。子どもたちの学習がどれだけのレベルにまで到達したかを調べたものです。

これによれば、日本の高校生は64カ国中5位とかなり上位につけていますが、大学生になるとなんと64カ国中54位にまで落ちてしまいます。つまり、日本の学生たちは、高校生までは世界の多くの国の学生よりも勉強しているにもかかわらず、大学生になるととたんに勉強しなくなるということです。

このような現象が起きるのは、日本の大学が「入るのは難しく、出るのは易しい」システムになっていることが元凶だと思います。

日本の学生は、受験では非常に高いレベルを目指して勉強するものの、いざ合格して入学するとアルバイトに励んだり、遊びほうけたりして、勉学がおろそかになっていきます。対する大学のほうも、それほど一生懸命に勉強しなくても単位が取れてしまいます。入学さえできれば、あとは授業にただ出席するだけ、場合によっては出席しなくても単位をもらえ、最後に論文だけ書いて提出すれば卒業できてしまう。それが日本の大学なのです。欧米の大学は全く異なります。大学を卒業するのが難しく、毎日が勉強漬けでアルバイトをするような時間はありません。

一方、日本で長年行われてきた新卒の採用現場において、大学生としての学業成績が重視されていないということも無関係ではないでしょう。就職活動で有利になるのは、コミュニケーション力やリーダーの経験といったあいまいなものです。そのため、大学生は大学で勉学に励まず、アルバイトやボランティアなどのいわゆる「ガクチカ（学生時代に力を入れたこと）」に全力を注ぐわけです。

このように卒業までに英語が喋《しゃべ》れるようになるわけでもなく、国際的な教養を身につけるわけでもなく、ただ大学卒という肩書が手に入るのが日本の大学なわけです。そのような状況で、国際的にビジネスの現場で即戦力として活躍できる「高度人材」など育ちようがないでしょう。

英語と言えば、日本人の英語力が世界でどの程度のレベルなのか、ご存知でしょうか。英語能力を測るための指標にＥＦ英語能力指数（ＥＦ ＥＰＩ）というものがあります。これは、ＥＦと呼ばれる英語試験を受験した成人の英語力の平均を国ごとにランク付けしたもので、「非常に高い英語能力」「高い英語能力」「標準的な英語能力」「低い英語能力」「非常に低い英語能力」の５つのランクに分類されます。

英語能力指数の上位国を挙げると、１位はオランダ、２位はシンガポール、３位はオーストリア、４位はデンマーク、５位はノルウェーです。一方、日本の英語力はというと、合計１１３カ国中最低ランクの87位です。

日本の人口がこれから急減していき、内需が大きく縮小するということは、外需を獲得する必要性が増していくことに他なりません。

そんな状況であるにもかかわらず、いまだに日本人は英語ができないというのです。

一方、K－POPや韓流ドラマ、スマートフォンなどの電子製品などで海外進出が目覚ましい韓国の英語力は「標準的な英語能力」で、113カ国中49位でした。韓国は人口が5000万人台しかいませんから、10大財閥はそのマーケットの小ささを補うために早い段階から海外進出を期して、国家戦略としてエンターテインメントや電子製品を世界に売る努力をしてきました。そのため、英語力もどんどん上がっていったわけです。ディズニーコリアの社長を兼任していた時に財閥と取引していたため、よく知っていますが、韓国の10大財閥のマネジャー（管理職）以上の人材は、全員英語を話すことができます。英語ができれば、当然グローバル展開も容易です。

それに対して、日本人は1億2000万人台という巨大な内需にあぐらをかいて、外国語を習得する努力をずっと怠ってきました。英語を喋れないのは当たり前という企業のトップや管理職が居座る、そんな日本企業では、グローバル展開はかなり難しいでしょう。

そもそも英語ができなければ、海外の人々が「どんなものを求めているか」というマーケティング・リサーチを行う段階で、つまずいてしまいます。

少子化により成長が見込めない日本の現状で、さらに英語力が低いとあっては、日本の企業が本格的に海外進出しグローバル展開するのは、今はまだ夢物語です。

日本の高度人材の少なさは、大学院に進む人が少ないことも関係しているかもしれません。日本の大学院博士号取得者数は2018年度で人口100万人当たり120人しかありませんでした。これはアメリカや韓国の半分以下であり、G7諸国では最低レベルです。

日本の場合、大学院を出てから就職しても、大学卒と比べて給料はそれほど上がりません。大学院を出ていようが出ていまいが、月給30万円で固定だったり、手当が出ていたとしてもせいぜい3万円くらいプラスされる程度だったりと微々たるものです。しかし、アメリカでMBAを取得して就職すれば、年収2000万円は堅いでしょう。しかも、大学院を出て博士課程を修了していれば、初任給は大学卒の人間に比べて約22%も高くなります。アメリカは日本と違い、完全に学歴社会となっており、大学のランクや成績によって初任給が上がるからです。このようなわけで、アメリカでは大学院まで進んで勉強しようという人がかなりの数いるわけです。

アメリカであれば、年齢が高くなったとしても、のちのちの年収が上がるならば、大学院まで進んで勉強しようと思うでしょう。しかし、日本の場合は月給が若干高くなる程度で、むしろ年齢が高くなることで就職に不利になる可能性すらあるので、大学院進学率が低くなるのも当然です。

そもそも、なぜこのような状況に陥ってしまっているのかというと、日本の教育に対する財政支出が関係しているのではないかと私は考えます。OECD加盟国の教育に対する財政支出の対GDP比率が4・4％であるのに対して、日本は3％しかないからです。つまり、日本という国では稼いでいるお金に対して、教育にかけている予算が少なすぎるわけです。このような状況では、高度人材が育つはずがありません。

もちろん、アメリカやアメリカ以外の国のほとんどの優秀な人材は、日本の大学など出ていません。日本の大学を出たビジネスパーソンでグローバルに活躍している人材はきわめて少ないので、世界的に見ても日本の大学は人気が低いのです。

イギリスのタイムズ・ハイヤー・エデュケーションが調べた世界の大学ランキングの2024年発表のものを見ると、世界の大学で最も人気なのはオックスフォード大学、2位がスタンフォード大学、3位がマサチューセッツ工科大学でした。そんななか、わが国の東京大学は29位、京都大学は55位だったのです。東大と京大ですらこのような順位なのですから、日本の私大などはランクインなどできるわけがありません。

欧米の平均年収が成長しているのに対し、日本の平均年収は30年間横ばいで、急激な円安も相まって物価も高くなってきている現状で、いったいどれほどの日本人が、年間授業料が約8万ドル（寮・食事込み）を超えるスタンフォード大学に子どもを入れることができるというのでしょうか。このままでは日本人の国際競争力は年々低下していくことでしょう。

日本の大学の世界的不人気と、教育への財政支出が少なくなっていることは、もちろん学術的な分野にも影響を及ぼしています。かつて、画期的な成果を示すトップ論文数は、日本では1997年から1999年の3年間で334本書かれていました。2017年から2019年までの3年間は322本なので、論文の本数自体はそれほど変わっていません。しかし、1997年から1999年には全体のシェアの4・7％を占めていたにもかかわらず、2017年から2019年のシェアは2％にまで落ち込んでしまっています。要するに、世界中の学者が日本人の学者より画期的な論文を数多く書いているというわけです。

日本の周回遅れは他にもたくさん

日本が、他の先進諸国と比べて「周回遅れ」の状況にある分野は、まだまだありま す。その一つがジェンダー・ギャップです。ジェンダー・ギャップとは、男女間の「格 差」を指します。

世界経済フォーラムは毎年、「A政治参加」「B経済活動」「C教育」「D健康」の4 つの分野で、男女間の格差がどれだけあるかを数値化し、「ジェンダー・ギャップ指数」 として公表しています。そして、その調査における2023年度の日本のジェンダー・ ギャップ指数は、146カ国中118位です。

特に、Aの政治参加の分野では、138位とかなり低く、日本の国会議員の女性比 率は10％しかありません。日本がG7諸国で最下位となった一方、G7諸国の女性比率は30％を超えていました。

また、Ｂの経済活動は、日本は１４６カ国中１２３位です。日本の企業の役員における女性が占める比率は、２０２０年度のデータによると10・７％で、これはＧ７諸国で最下位です。

アメリカにおける女性役員の比率は28・２％と日本の３倍近くにも上り、その他のＧ７のすべての国が30％を超えていました。また、管理職の比率も、日本は13・３％と低く、次に低いのがドイツの28・１％、それ以外のＧ７諸国は軒並み30％以上でした。Ｇ７の他の国では、日本の倍以上の女性の管理職がいるということになります。

ところが、日本は女性の就業者比率では51・８％とＧ７では最高位を占めており、その他の国は40％台にとどまっています。すなわちこの数字は、日本には女性のパートタイマーが多いということを示しています。

Ｃの教育は、１４６カ国中47位で、２０１９年度の大学教授の女性比率は23％で、ＯＥＣＤ加盟国中最下位でした。ちなみに加盟国の平均は43％にも上ります。他の加盟国に比べて、女性の大学教授が２分の１程度しかいないことになります。また、理系の女子比率もＯＥＣＤで最下位、当然ながら女性医師の割合もＯＥＣＤで最低です。

Dの健康では、2021年度の特殊出生率が1・3で、212カ国中197位、G7諸国でも最下位でした。ちなみに、最も特殊出生率が高いのはアメリカの1・66でした。平均寿命は、2022年度の日本女性の平均寿命が87・09歳で世界一、日本男性は81・05歳で、スイスに次いで2位となっていました。

ところで、日本のジェンダー・ギャップが世界最低レベルと聞いて、「それの何が問題なの？」と思う人もかなりいるのではないでしょうか。実際、そう思う人が多いからこそ、日本のジェンダー・ギャップはなかなか埋まらないわけですが、ジェンダー・ギャップを埋めることと、日本経済を復活させることには実は関係があるのです。

世界経済フォーラムが発表したジェンダー・ギャップ指数の2023年度版（2024年発表）で、世界第1位だった国は、アイスランドでした。今でこそジェンダー・ギャップが最も少ない国となっていますが、アイスランドはもともと完全な男性社会でした。ところが、2008年、金融立国を目指して投資に前のめりだったアイスランドは、リーマンショックのあおりを受けて、財政破綻の危機に直面することになります。

この時、アイスランドは大きな決断をしました。翌2009年には史上初の女性首相が誕生、彼女は企業などに女性役員比率を4割以上に高めるよう要求したのです。これが、アイスランドの「奇跡のV字回復」と呼ばれる大逆転劇の引き金となったのです。

男性中心社会の企業、政府が陥ってしまった苦境を脱するために、女性ならではの視点を導入するのは、共同体が生き残るためには必要であるということを、アイスランドは証明しました。これによって、アイスランドは男女平等が社会に与える好影響を高く評価し、ジェンダー・ギャップが縮小していったのです。

対照的に、日本のジェンダー・ギャップが世界最低レベルで広がっている状況を見ると、暗澹たる気持ちになります。私は、45年間にわたってマクドナルドやディズニーなどの外資系企業で働いてきました。その中で、女性の部下には大いに助けられた経験が数多くあります。

女性のいいところは、男性の部下と違って「ゴマをすらない」ところです。男性というのは、男性という同族集団の中での評価を気にして生きていますから、よくゴマをすります。ゴマをすって、なおかつ上司にたてつかなければ可愛がられる。上司に可愛がられていれば、執行役員まで務まってしまうのが、日本企業の体質でもあります。

しかし、外資ではそうはいきません。ゴマをすっても出世できるとは限りません。特にディズニーでは、メインの顧客層が女性ですから、女性の部下でも上司の私が間違っていると思えばズバズバ意見を言ってくれ、それによって何度も助けられました。本当に、女性たちは私にとってありがたい存在だったのです。

企業のトップや管理職に女性が少ない日本の現状が、どれほど日本経済の先行きを暗くしているかを、よく考えていただきたいと思います。

日本の経済を衰退させたのは、男性中心の社会構造です。男性中心社会がうまくいかなかったのなら、女性の視点を取り入れて立ち直らせようと考えるのはごく普通の発想です。そして、実際にアイスランドはその方法で大成功を収めています。日本は、世界最低レベルのジェンダー・ギャップが将来に与える影響を過小評価していると思います。

日本のビジネスパーソンは劣っているのか？

ここまで日本の経済およびビジネスの現状を一つひとつ見てきましたが、それでは、日本経済をこれほど衰退させた最大の要因は何なのでしょうか。

日本のビジネスパーソン各自の能力が、外国のビジネスパーソンに比べて劣っているとは私は思いません。

先ほど、日本企業は外国企業に比べて「生産性」が低いというお話をしました。ここに日本企業の生産性が、アメリカ企業の生産性と比べてどれだけ低いかを示す図（次ページ参照）があります。

日本生産性本部の資料をもとに作成したグラフなのですが、アメリカ企業の各分野の生産性を100とした場合の日本企業の各分野の生産性を表しています。

■日米の産業別生産性（1時間当たり付加価値）と付加価値シェア（2017年）

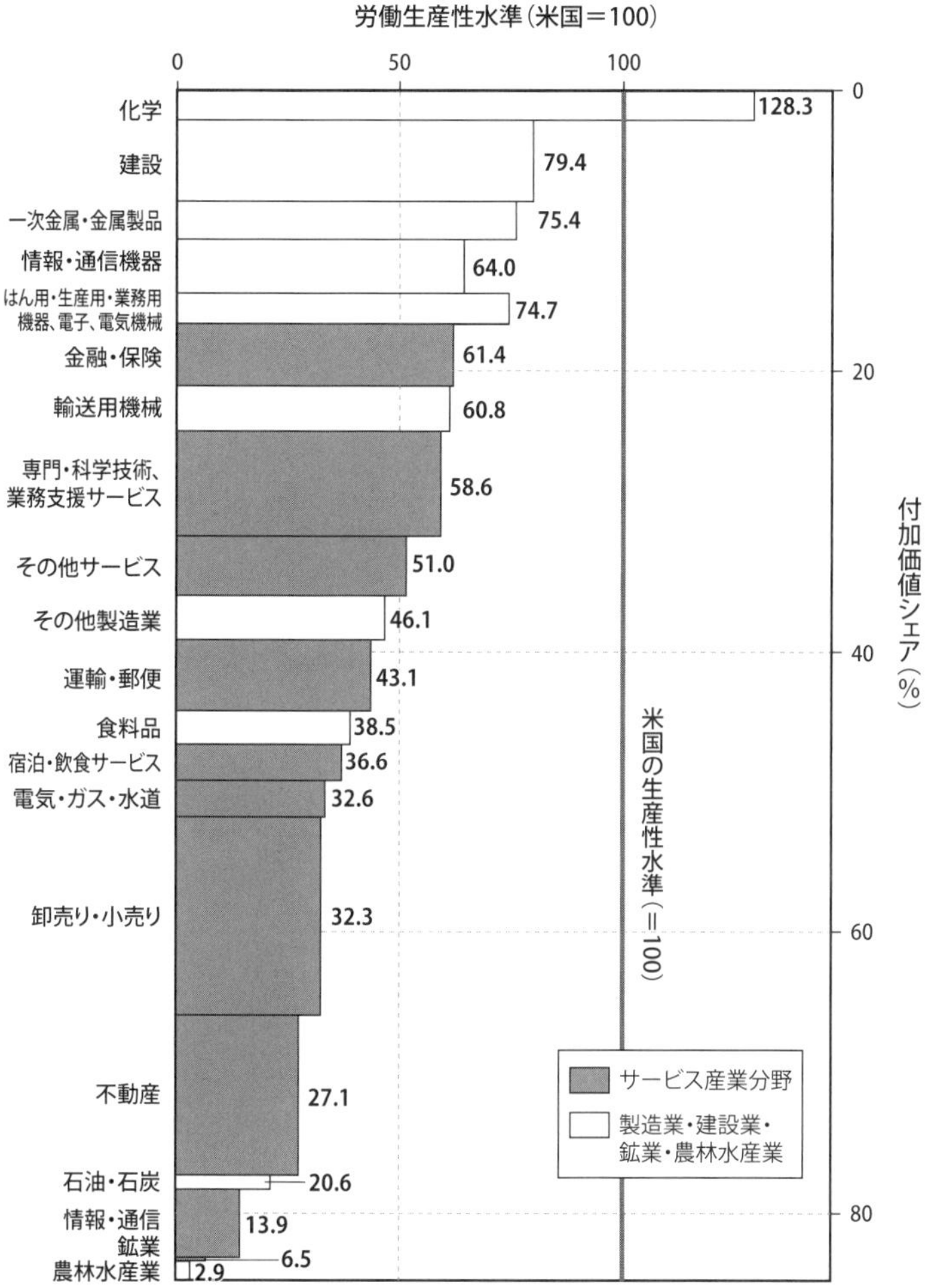

日本生産性本部「日米産業別労働生産性水準比較」を参照して作成

ご覧いただければわかるように、日本企業がアメリカ企業よりも高い生産性を誇っているのは「化学」の分野のみです。それ以外の分野は、軒並みアメリカ企業よりも生産性が低くなっており、ほとんどの分野で約半分しかありません。

生産性が低いということは、より多くの人員と時間を使わなければ利益を上げることができないということです。生産性が上がらなければ、経済が衰退していくのは当然でしょう。この恐るべきデータを見たことがない日本人のほうが多いと思います。

確かに、日本人は他の国に比べて「勤勉」で「実直」ではあるかもしれません。しかし、だからといって、このグローバル化・デジタル化した時代に適応できるかどうかとなると、話は別です。

勤勉であろうが、実直であろうが、人々の生産性が低ければ、国際競争力など上がるはずがありません。

また、日本のビジネスパーソンは、生産性が低いだけでなく、エンゲージメントも低いという現実があります（次ページ参照）。むしろ、エンゲージメントが低いから、生産性も低くなるのです。エンゲージメントとは、従業員の会社や仕事への「愛着」や「思い入れ」、あるいは「やる気」を表す言葉です。人材コンサルティング会社で

■世界の従業員エンゲージメント

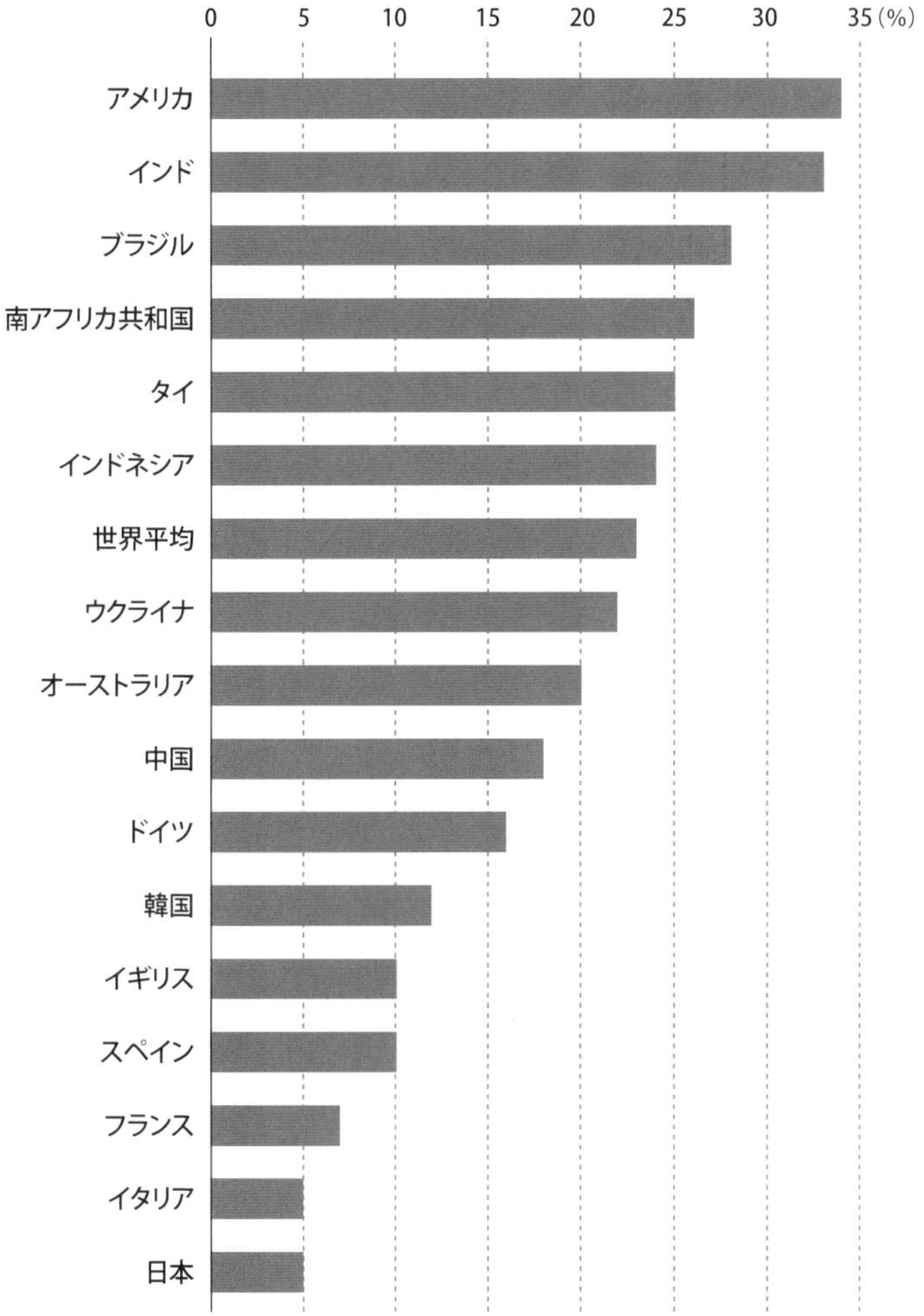

ギャラップ社「グローバルワークプレイスの現状2023年版」を参照して作成

あるリンクアンドモチベーションの研究機関・モチベーションエンジニアリングと慶應義塾大学が2018年9月に発表した共同研究によれば、従業員に対する調査から算出された「エンゲージメントスコア（ES）」が1ポイント上昇すると、当期の営業利益率は0・35％上昇するというのです。また、同社の別の調査では、ESが高いほど、ROE（自己資本利益率）やPBR（株価総資産倍率）が高くなる傾向があったとのことです。

日本の従業員のエンゲージメントは、世界125カ国で最低です。エンゲージしている社員はわずか5％に過ぎず、72％がいわゆる「ぶら下がり社員」なのです。ぶら下がり社員とは、仕事に意欲的に取り組まず、かといって離職する意思もない社員のことです。低いモチベーションのまま、ただ給料をもらうためだけにそこにいるわけです。そんなぶら下がり社員が72％もいるというのです。

一方、アメリカの企業では、2022年の時点でエンゲージしている社員は34％もいます。つまり、彼らはやる気があり、出世する意欲があり、その会社に貢献する意思を持っているということです。日本にはたったの5％しかいない人材が、アメリカにはその7倍ほどもいるというのですから、日米の生産性に雲泥の差が付くのは当然のことです。

それにしても、なぜ、日本人のエンゲージメントと生産性は他国と比べてこれほどまでに低いのでしょうか。

従業員各自の資質の問題でしょうか。私はそうは思いません。

日本人のエンゲージメントと生産性が低い理由は、「新卒一括採用」「年功序列」「終身雇用」「春・秋の定期人事異動」などの日本企業独特の慣習にあると思っています（それぞれの慣習がなぜ日本の生産性を下げているかについては第5章でさらに詳しく述べます）。

おそらく、この本を読んでおられる方の中には、これらの日本企業独特の慣習は、日本人の良心であるとか、日本が繁栄してきた礎であるとか、日本精神の表れなのだと思っている方もいらっしゃるかもしれません。

しかし、敢えて言わせていただきますが、日本よりも生産性の高いアメリカその他の国々では、このような慣習は採用されていません。これらの慣習は完全に現在のグローバルスタンダードからはズレてしまっています。

先ほどのエンゲージメントの話に戻しますと、日本企業のわずか5％の従業員しかエンゲージしていない理由は明らかで、日本企業の人事制度が機能不全に陥っているからです。テレビで東京・新橋を歩いている会社員たちにインタビューしているのを見たことがあるのですが、エンゲージできていない理由について、彼らは「仕事をやってもやらなくても給料もボーナスも変わらないから」と答えていました。

私には、日本企業の従業員のエンゲージメントと生産性が低い理由がこの一言に凝縮されているように思います。

日本では、世界で唯一「新卒一括採用」が行われています。この新卒採用の弊害はいくつかあるのですが、まず1つ目は「効率が悪い」ということです。アメリカでは、インターン制度というものがあり、大学生は大学2年から3カ月ある長い夏休みを利用し、就職を希望する会社でインターンとして働きはじめ、そこで実質的な「研修」を済ませてしまいます。その会社での仕事をだいたい覚え、社内の人々ともコミュニケーションが十分に取れている状態で大学を卒業して晴れて入社するわけです。ですから、アメリカの大卒新入社員はほとんどが研修期間を経る必要がない「即戦力」なのです。

ところが、日本の新入社員は、2~3日の「なんちゃってインターン」を経験しただけのちょっと前までただの大学生だった人たちです。そのため、入社してから研修期間を経る必要があり、その期間も1〜2年と長期になります。また、入社時のミスマッチによって、現在では新入社員の約30%が3年以内に辞めると言われています。これは、明らかな無駄であり、非常に効率の悪い方法だと思います。

そして、新卒一括採用の2つ目の弊害は「社員数が多くなる」ということです。日本企業では、新卒一括採用を行っているため、当然ながら余剰社員が多くなります。どれくらい多くなるかというと、アメリカ企業の従業員数に比べて、日本企業の従業員数はだいたい20〜30%程度多くなっているのです。

これは、明らかに日本企業の効率を悪くしています。アメリカ企業では、基本的に社員というものは、「必要な部署」に「必要なスキルを持った人」を「必要な人数」「必要なタイミング」で採用します。中途採用は当たり前ですし、余剰人員を抱え込まないようにしているのです。

ところが、日本はこの逆を行ってしまっているので、社員が多くなることで、同期社員も多くなり、その同期社員の中から一部だけが管理職に就くことになります。その結果、どう頑張っても管理職になれない、出世できない社員が多く存在することになり、彼らがぶら下がり社員予備軍となってしまうわけです。

つまり、社員が多すぎるので、彼らのモチベーションを上げるような人事評価システム・昇進システムを企業は用意することができず、必然的に多くの社員は「働こうが働くまいが給料が変わらない状況」に置かれてモチベーションが上がらず、エンゲージメントが低下し、結果的には企業全体の生産性まで下がってしまうというわけです。こういったことが、日本全体で起きているのです。

これは、完全に日本の企業慣習が生んでしまった弊害だと思いますし、その企業慣習にこれまで疑問を抱いてこなかった日本人全体の責任でもあると思います。

私は、東証に上場している複数の企業の顧問を務めさせていただいているのですが、そのオーナー社長さんと最低でも1カ月に1回くらいは面談をしています。最初にお会いした時に、社長さん全員に決まってこういう質問をすることにしています。

「御社には、今日付で何人の正社員がおられるのですか?」

すると、全員が即答できないのです。ただし、「前期の3月末の締めの時は250名いました」とか「今年の採用予算は10名です」ということだけは答えることができます。でも、今の時点での正社員数を正確に答えられる社長さんは皆無でした。

これは外資系企業では考えられないことです。なぜなら、人材（ヒューマンリソース）

こそが企業にとって最大のコストだからです。そのコストを削減しなければ、業績の伸びが鈍化するのは当たり前ではないでしょうか。にもかかわらず、日本企業の多くは、昔からの習慣で新卒社員を一括で採用しています。アメリカとは違って、労働者を簡単には解雇できませんから、なかなか辞めさせることができない人員を、ものすごく簡単にごっそりと入社させてしまっているわけです。

これで余剰人員が出ないわけがありません。余剰人員が多くなれば、当然効率は悪くなりますし、社員のエンゲージメントも低くなってしまうでしょう。日本企業が守ってきた慣習こそが、やる気のない社員を必然的に生みだしているわけです。

さらに、日本の社員のエンゲージメントが低い理由は、他にもあります。経営陣と社員とのコミュニケーションが少ないということと、人事異動の希望があまり反映されないことも理由として挙げられています。要するに、日本企業は、社員が能力や努力によって素晴らしい成果を上げたとしても、それを正当に評価するシステムを持っておらず、また、社員の希望を汲《く》み上げるシステムもなく、役員と社員とのあいだの意思疎通も上手くいっていないということです。

私は、この根本原因が、先ほども申し上げたように「新卒一括採用」「年功序列」「終身雇用」「春・秋の定期人事異動」といった日本企業が頑なに守り続けてきた慣習にあると考えます。これらの慣習は、まったくもってグローバルスタンダードとは相容れない、今の国際競争力が問われる時代には通用しない慣習です。

この慣習を改めることをしなければ、いずれ優秀な人材、優秀な若者たちは、日本を捨てて海外に出ていくはずです。なぜなら、現在の日本企業では、海外企業のように良い成果を出したとしても給料が外資の半分、おまけに他の同僚などと同じ給料しかもらえないからです。

次章では、私の45年間にわたる外資系企業での経験をもとに、グローバルスタンダードの企業慣習とはどのようなものなのか、日本企業の慣習とどれだけ違うのかについて、つぶさにお話ししたいと思います。

第2章

効率的な
グローバルスタンダード

合理性に衝撃を受けた私の原体験

そもそもグローバルスタンダードとは、どのようなものか、あなたはご存知でしょうか？　実は日本人は、「ガラパゴス」と呼ばれるくらい日本独自の基準で生きています。

しかし、「日本はガラパゴスだ」「ジャパニーズスタンダードはグローバルスタンダードと全然違う」と言われても、外国語ができない日本人からすればいま一つピンとこないのではないでしょうか。外国語ができない日本人は、日本のマスコミが取捨選択し、翻訳してくれた海外情報ばかりに触れているので、マスコミがグローバルスタンダードについて説明してくれない限り、ほとんどの人はそれを知らずに生きているのです。ここでは、グローバルスタンダードがいかなるものか、それがいかに効率的な考え方なのかについて、私の実体験を踏まえながらお話ししたいと思います。

私は、大学を卒業すると、藤田田《でん》氏が立ち上げた日本マクドナルドに入社しました。そして、1983年、私はサンフランシスコの郊外にあるサンタクララ店の3代目ゼネラルマネジャーとして赴任することになったのです。その時、私は33歳でした。それが私にとって人生初めての海外居住体験であり、アメリカとのファーストコンタクトでした。なお、最終的に日本マクドナルドは、サンフランシスコ、シカゴ、トロントの3店舗をフランチャイズ店舗として経営していました。これは、日本マクドナルドが日本の管理職の研修として、語学やアメリカのマクドナルドの生の情報を収集するためのものです。

見るもの、聞くもの、触れるもの、何もかもが新鮮で、驚きの連続でしたが、中でも驚いたのが、アメリカ人が日本人には想像もできないくらい「効率性」を重視していることでした。その代表的な例が、サンフランシスコにある3本の有料橋です。

私が住んでいたのは、サンフランシスコのベイエリアと呼ばれる地域で、アップルの本社が存在するクパチーノという町でした。ベイエリアのダウンタウン(中心街)は、入り組んだ湾に囲まれる形になっており、土地自体が非常に狭くなっています。その

■サンフランシスコにある3本の有料橋

ため、ダウンタウンに住むことができるのは裕福な人たちだけで、ほとんどの人々は別のエリアからダウンタウンに車で通勤するのが普通でした。

ベイエリアのダウンタウンに入るには、ゴールデンゲートブリッジ、ベイブリッジ、サンマテオブリッジと呼ばれる3つの橋のどれかを通らなければなりません（前ページ参照）。そのすべてが有料橋なのですが、日本人の皆さんは恐らく多くの人が橋を渡る時には往復ともに通行料を徴収されると思うのではないでしょうか？

ところが、そうではないのです。通行料は、車がベイエリアのダウンタウンに入る「入口」でだけ徴収し、「出口」には料金所自体が置かれていないのです。その代わり、入口で徴収する通行料は片道の1.5倍となっています。なぜ、そうなっているのでしょうか。

ダウンタウンには、他の地域から車で通勤する人が多くやってきます。ダウンタウンに住んでいる人はほとんどが裕福な人たちです。つまり、朝方のラッシュ時、夕方の帰宅時には、3つの橋に多くの車が殺到することになります。もし、ダウンタウンから出ていく時に料金を徴収していたら、ダウンタウンで働いていた人々が家路に就く時、全員を橋のたもとで止めなければいけません。

すると、ETCのない当時であれば、夕方にダウンタウンから出ていく出口に大渋滞が発生することになります。その大渋滞はさらに波及し、ダウンタウンの道に車があふれてしまうことになります。そうなれば、ダウンタウンという狭いエリアそのものが交通麻痺《まひ》に陥ってしまうでしょう。

一方、ダウンタウンの入口に料金所を設置する分には、交通麻痺はさほど大きな影響を与えません。なぜなら、ダウンタウンに入る入口で渋滞が発生しても、それは広い郊外に延びていくだけですので、渋滞が問題を引き起こす確率は低いのです。

また、入口にも出口にも料金所を設置すれば、それだけ人件費も維持費もかかります。車の通行量が落ち着いた昼間にも人員をそこに置いておかなければならないからです。大渋滞が発生すれば、さらに警察官まで動員しなければならないでしょう。そういったことを踏まえると、入口でだけ片道の1.5倍の通行料を徴収するほうが、ムダが生じず効率的ではないでしょうか。なお、地図のようにサンマテオブリッジ東側に住んでいる人は、橋を渡らずに南に向かい、湾に沿って1時間程度運転すれば対岸に行くことができます。しかし、当時2ドルほどだった通行料を節約してまで、そのようなことをする人はわずかでした。アメリカ人は多少の節約より効率を重視するのです。

ところが、ＥＴＣ普及前の日本ではどの有料橋も入口・出口の両方で通行料を徴収していました。日本人はとにかく１００％きっちりしないと気が済まないようですが、それが本当に効率的なのかどうか、よく考えるべきです。例えば明石海峡大橋なら、四国から本州に出る人と、戻ってくる人の割合の統計を取って片道料金を決め、料金所を減らすほうが効率的なのではないでしょうか。

このサンフランシスコの橋の通行ルールは、若き日の私に、多少の公平性よりも効率性を重視するというアメリカ人の考え方の真髄を教えてくれたのです。

エラーやミスをなくすより生産性を優先

多少の公平性よりも効率性を重視するアメリカ人の考え方は、有料橋の通行料の話だけにとどまりません。

例えば、宅配便のルールです。日本では、宅配便を届けに来た時に、受取人かその家族が留守だと「再配達」をするのが当たり前になっています。

ところが、この再配達という作業はとても非効率的なのです。従業員の労働量が増えるだけでなく、受取人も再配達の申し込みをしなければならないのでストレスがたまる一方です。

一方、アメリカには再配達というシステムは存在しません。なぜなら、アメリカでは40年前から「置き配」が当たり前だからです。皆さんもテレビやＹｏｕＴｕｂｅなどで、アメリカの配達員が玄関ドア前に荷物を置いてそのまま歩き去る姿を見たことがあるでしょう。日本よりもはるかに治安が悪いアメリカで、置き配がスタンダードになっているのです。多くの日本人は「盗まれたらどうするの？」と首をかしげるかもしれません。

なぜ、アメリカは日本よりも治安が悪いのに置き配が当たり前なのでしょう。

実はカタログ販売の荷物というのは、ほとんどが5000円未満の商品だということが、統計的にわかっています。そのため、万が一受取人が回収する前に盗まれる商品があったとしても、その盗まれた商品の損失は宅配業者が支払っている保険金でまかなえる範囲に収まっているのです。

一方、対面受け渡しと再配達というシステムを採用したら、当然ながら人件費は高騰します。アメリカ人は、損失するリスクと、対面受け取り・再配達にかかる人件費を天秤《てんびん》にかけた結果、置き配が最も効率的であるという結論に至ったわけです。

「きっちり」「かっちり」を求める日本人は、効率性を度外視していると私は思います。

現在では、コロナ禍の影響もあって、次第に日本でも置き配が普及しつつありますが、もしコロナ騒動がなかったら、いまだに置き配普及率はかなり低かったのではないかと思います。

アメリカ人（その他の欧米人も）の効率性重視の姿勢が表れている例としては、「レジの現金差の処理」があります。

日本では、店舗が閉店すると、レジに入っている店の売上の計算をします。実際の売上額と入金額の差を計算するわけです。

50万円の売上があったはずなのに、レジに49万９５００円しか入っておらず、５００円不足していた場合、日本の店舗では「お金が見つかるまで従業員は居残り」をさせられます。

一方、アメリカ人は、「ヒューマンエラーは起こるもの」という前提に立ってシステムを作っています。人間はミスをするものです。つまり、あらかじめ誤差がいくらまでなら許容するという現金差を定めておき、レジのお金がその誤差の範囲内に収まっているなら、従業員たちをそのまま帰すのです。マクドナルドでは、売上の０・１％まで誤差が許容されます。レジの現金が多少合わなくても、従業員を居残らせて合うまで計算させた際の「人件費」とその「現金差」を天秤にかけると、居残らせないほうが効率的なのです。もちろん、差額が範囲内に収まっていないなら、原因を追及します。

ちなみに、アメリカではレストランなどの店舗だけでなく、銀行ですらこの現金差をある程度許容しているから驚きです。

私はアメリカ時代、何度か銀行の支店長とお話しする機会に恵まれたのですが、その時にこの現金差の話題になり、彼らは金額の帳尻が完全に合わないことは普通なので、ある程度は許容するとおっしゃっていました。

対する日本人は、100%性善説に立っているのか、「間違いが起こるはずはない」「従業員がくすねるはずがない」という考えを持っていると感じます。そのため、レジの現金が1円でも合わないと、従業員に「じゃあ、計算して」「なんでそうなっているのか突き止めて」と指示を出して、居残らせるわけです。おまけに、残業代も支払わずに居残らせているケースもかなりあるのではないでしょうか。それでは従業員のエンゲージメントも下がってしまいます。

金額の帳尻が完全に合うまで従業員を帰さない日本のやり方は、本当に正しいのか、よく考えたほうがいいと思います。私は、店舗の会計という点では、日本ではキャッシュレス化が普及していないことも気になっていますが、このことについてはのちに詳しくお話ししたいと思います。

さて、続いては車のお話です。

アメリカといえば、日本の約26倍もの国土面積を誇る国ですから、車社会であることは有名です。アメリカで通勤・通学をしようと思えば、車がないと大変不便な思いをすることになります。スーパーに買い物に行くだけでも一苦労なので、車がなければ生活ができないと言っても過言ではないでしょう。

アメリカ人にとってまさに生活必需品の最たるもの、それが車なのです。

そのように、生活になくてはならない車ですから、当然、アメリカでは日本とは全く異なる効率性を重視したルールが適用されています。

例えば、駐車違反と飲酒運転。アメリカで、駐車違反の警察による取り締まりが行われるのは、主に朝と夕方だけだということをご存知でしょうか。

交通警官の主な仕事は渋滞解消・混雑解消なので、混雑する交差点周辺付近の駐車違反だけをターゲットにしているのです。逆に、仮に取り締まったとしても渋滞解消の効果が見込めない昼間の時間帯には、そもそも駐車違反の取り締まりをしないわけです。道路が混雑していないのであれば、駐車違反もそのまま見逃すということです。

一方、日本では仮に渋滞の原因にならないような場所、緊急車両の通行の邪魔にならないような場所でも、駐車違反の車があればまったく影響のない駐禁の取り締まりをしています。現在は民間に委託されていますが、その人的コストは、本当に必要なものなのでしょうか。それをもっと有効なところへ活用するほうがいいのではないかと思うのですが、日本人はいつ何時も「きっちり」「かっちり」の杓子定規が正しいという固定観念に囚われているので、警察官は大して効果のない仕事を一生懸命させられているわけです。

また、飲酒運転でも、日本人からしたら考えられないようなルールが適用されます。アメリカでは飲酒が可能になる年齢は21歳で、21歳以上でなければお酒の購入と販売ができません。その際には、IDの提示が求められることは、日本人の皆さんもご存知でしょう。また、アメリカは路上やビーチなどでは飲酒が禁止されています、そのため、渋谷のハロウィンのように路上で飲酒し、騒いでいる光景を見ることはありません。

そして、アメリカにおける飲酒運転の基準は、なんと血中アルコール濃度0・08%未満。つまり、多少飲んでいたとしても飲酒運転で逮捕されることはないのです。ただ、０・08％未満という基準値以外にも、警察官が「正常な運転ができていない」と判断した場合には逮捕される可能性があります。

アメリカの飲酒運転に関するルールは、単純です。多少アルコールを飲んでいたとしても、真っ直ぐ歩けて「正常な運転ができるレベル」ならお咎めなしということなのです。何でも「きっちり」「かっちり」の日本人からすれば、信じられないようなルールでしょう。

しかし、完全な車社会であるアメリカで、日本のような超厳格な基準を適用したら、レストランもバーも売上がガクンと落ちてしまいます。家族でバーベキューを食べに行って、一杯もビールを飲めないという状況では、車の運転をするお父さんからしたら、ストレスがたまります。

そんなことが全米中で起きたら、当然、外食産業は打撃を受けるでしょう。そのため、飲酒運転に関しては正常な運転ができるレベルなら多少は飲んでもいいというのが、効率重視のアメリカ人が導き出した結論なのです。もちろん、正常に運転できないレベルまで飲んでしまった人は容赦なく逮捕され、免停処分、多額の罰金や禁固刑などかなりのペナルティを科されることになります。

車に関する話はまだまだあります。

アメリカのトラックのコンボイは、20トンまで積載が可能です。ところが、日本では6・5トンまでという積載量制限が課されています。日本も規制を緩和すれば、もっと多くの荷物を運べるようになり、長距離トラック運転手不足問題が解決するのではないかと思います。

自動車の物損事故が起きた時の対応も、アメリカと日本では異なります。アメリカで物損事故を起こした場合、警察を呼ぶことはまずありません。

どうするかというと、写真を撮っておいて、保険会社に連絡して処理をしてもらうのです。事故証明というものは必要ありません。

そのため、基本的に警察官も現場検証をすることがなく、事故渋滞というものも発生しません。これは車社会のアメリカを効率よく維持するための工夫です。

また、交通違反に対する対応も日米ではかなり違いがあります。

日本では、交通違反を起こして警察官に取り締まられるとその場で切符が切られ、いついつまでに所定の罰金を支払うようにと言われます。そのせいで、罰金の取りはぐれや、罰金の延滞による違反者の逮捕などが近年話題になっています。

しかし、アメリカでは罰金の取りはぐれなどは起きません。なぜなら、アメリカでスピード違反を起こしてしまった場合には、違反者はその場で決済しなければならないからです。要するに、違反者に逃げ得をさせないのです。交通違反はその場で捕まえ、その場で罰金を支払わせるわけです。このほうがはるかに効率的でしょう。

なお、アメリカでは救急車は有料で、距離によって100ドルから200ドルかかります。もちろんキャッシュレス決済可能です。そのため、緊急の場合以外に呼ぶ人はとても少ないです。一方、日本では救急車の利用件数が毎年増加しており、東京では34秒毎に出動しています。救急車を呼んだ人の約半数は入院不要の軽症者で中にはタクシー代わりに使う人もいるほどです。これでは本当に必要な時に対応できません。日本も救急車を有料にし、不要な出動を減らすべきでしょう。

キャッシュレスと言えば、路上にあるコインパーキングもすべてキャッシュレスになっています。こうすることで、パーキングの現金を回収する人員のコストを削減することができるからです。日本でもキャッシュレスのコインパーキングをもっと普及させるべきだと思います。

キャッシュレスがグローバルスタンダード

さて、前に述べた日米の「現金差への対応」に関連して、キャッシュレスのお話もしたいと思います。

欧米では、どんどんキャッシュレス化が進んでいます。店舗であっても支払いはクレジットカード決済が普通になり、現金で会計をする機会がどんどん減っています。

そうなれば、なおさらレジの現金差などは生まれなくなりますし、レジの現金が盗難に遭うような確率も減るというか、いずれ無くなるでしょう。そして、そもそも「レジ締め」という作業自体が不要になり、人件費の削減につながっていくわけです。

キャッシュレスとなれば、さらなる効率化が約束されるわけですが、日本ではまだまだ現金払いの割合が大きいのが現状です。２０２４年3月に経済産業省が発表したデータによると、長らく20％程度だったキャッシュレス決済比率が、２０２３年によ うやく39・３％に達したとのことですが、それでもまだまだ60％近くは現金決済だということです。

もともと、欧米諸国には小切手（チェック）という文化がありました。小切手は現在のデビットカードのようなものに近い存在でしたが、現金以外で支払いを済ませるという習慣が長く続いてきていたわけです。

ところが、日本では支払いは現金主義のままずっと来てしまったために、キャッシュレスの普及が他国よりも遅れてしまっているのだと思います。

キャッシュレスの普及率を見ると（次ページ参照）、アメリカでの普及率が他の国に比べて低いように感じるかもしれませんが、恐らくこれは移民やブルーカラーの人々がクレジットカードの審査を通過できずに現金で支払っている率が高くなっているからではないかと考えられます。そのため、日本のように惰性で現金で支払っているというよりは、クレジットカードが手に入らないので仕方なくという人がそれなりにいるのでしょう。

キャッシュレスは、効率化という点で優れているだけでなく、実はＳＤＧｓ（持続

■世界主要国におけるキャッシュレス決済比率（2021年）

順位	国名	比率
1	韓国	95.3%
2	中国	83.8%
3	オーストラリア	72.8%
4	イギリス	65.1%
5	シンガポール	63.8%
6	カナダ	63.6%
7	アメリカ	53.2%
8	フランス	50.4%
9	スウェーデン	46.6%
10	**日本**	**32.5%**
11	ドイツ	22.2%

一般社団法人キャッシュレス推進協議会「キャッシュレス・ロードマップ2023」を参照して作成

可能な開発目標）の観点からも有効です。

キャッシュレス推進協議会が発表した試算によると、１０００円の支払いをする場合、現金を利用した時の二酸化炭素排出量は「１・06ｇ」であるのに対して、キャッシュレスを利用した時には、それが「０・34ｇ」にまで抑えられるということです。

このまま全世界でキャッシュレスが普及していけば、CO_2の排出量を大幅に減らすことができるというわけです。経済の効率化だけでなく、環境負荷も下げられるのです。

また、キャッシュレスと言えば、前述のようにアメリカでは交通違反者には、その場でキャッシュレスによって支払わせることで罰金の取りはぐれを防いでいますし、コインパーキングの支払いもキャッシュレス支払いがさらに普及していけば、かなりのコスト削減になっています。日本でもキャッシュレスになっているので、かなりのコスト削減になっていきます。日本でもキャッシュレスが使われるようになって、どんどんコストが削減されていくはずです。なお、日本が現金を使わなくなった場合、現金輸送費などの管理コストや決済にかかるコストなどが減るため、８兆円も削減できると言われています。

さて、先ほどのキャッシュレス普及率の第１位はなんと韓国でした。なぜ、韓国でここまでキャッシュレスが浸透・普及したか、あなたはご存知でしょうか。

ずばり、それは韓国政府の政策にあります。韓国政府は、国内にキャッシュレスを普及させるために、以下のような政策を実施したのです。

①年商2400万円以上の店舗にはクレジットカード決済対応を義務化
②キャッシュレス決済額が一定以上になった場合に所得税の控除
③キャッシュレス利用者に宝くじ参加権を付与

一つひとつ見ていきましょう。

まず、1つ目は売上が1年間で2400万円を超える店舗に対して、クレジットカード決済に対応することを義務づけるという政策です。

これによって、韓国国内のコンビニ、スーパーをはじめとするさまざまな小売店舗でクレジットカード決済が導入されることになりました。そもそもクレジットカード決済に対応していない店舗では、キャッシュレス決済など不可能ですから、まずは間口を広げるという戦略を採ったわけです。

続いて、2つ目は消費者のキャッシュレス使用を促進するため、所得税控除を実施しました。クレジットカードの決済額が年収の4分の1を超えた分に対して、その20%を所得から控除して、年末の源泉徴収時に還付するという制度です。

控除額には30万円という上限があるとのことですが、もし、日本でも30万円も控除を受けられる制度が実施されるなら、多くの人がクレジットカード決済を積極的に行うようになるのではないでしょうか。

3つ目の政策は、キャッシュレス利用者に対する宝くじ参加権の付与です。

これはどういうことかというと、韓国ではクレジットカードで1000円以上の決済をした場合に、レシートに宝くじの抽選番号が印字されて付与されるというのです。つまり、宝くじ売り場に行って宝くじを買わなくても、クレジットカードで1000円以上の買い物をするだけで、自動的に宝くじの番号を無料で手に入れられます。

この宝くじの抽選は毎月1回行われており、当選金は1億8000万円。毎月クレジットカードで買い物をしているだけで、1億8000万円をもらえる可能性があるわけです。宝くじに興味がない人であっても、普通に買い物をしているだけで当選し、1億8000万円を手にするチャンスがある……という、なんとも夢のある話です。

特にこの政策は韓国国民に広く受け入れられ、キャッシュレスの普及率が飛躍的に高まる起爆剤になったようです。かなり大胆な政策だと思いますが、世界最高のキャッシュレス普及率を達成することができたのですから、この政策は正しかったと言えるでしょう。

ここまで言っても、現金払いでも何の不自由もないのに、キャッシュレスを推進しなければならない理由があるのだろうかと日本人の多くは思っているかもしれません。しかし、日本では、これから2060年頃までにかけて人口が急減していき、外需を獲得する必要性が必ず増していくはずです。当然、インバウンドの外国人観光客がもたらしてくれる観光収入は将来の日本にとっても重要な収入源になるでしょう。にもかかわらず、日本のキャッシュレス普及率が他の国々に比べて低位にとどまっているとどうなるでしょうか。

日本以外の世界がどんどんキャッシュレス化を進めている中、日本が後れを取っていては、せっかく日本に観光で来てくれた外国人たちを呆《あき》れさせることにもなりかねません。キャッシュレス決済が当然と思って日本の観光地でタクシーに乗ったら、クレジットカードが使えず、現金しか受け付けてもらえないというのは大きなストレスに違いありません。そうなれば、「日本は遅れている」「日本は不便」という印象を持って帰国してしまうかもしれませんし、現在の円安も相まって日本が低く見られることにもつながりかねません。

遅れていて、不便で、通貨の価値も低い……。日本に観光収入をもたらしてくれる外国人からそんなふうに見られて、日本の価値が高まっていくでしょうか？

デンマークなどは、２０３０年には貨幣そのものを廃止するとしています。すべてがデジタル決済に移行するわけです。完全にキャッシュレスにするという国が出てきている一方で、日本がキャッシュレス普及にもたついていたら、そこから生じる損失はかなりのものになるはずです。

完全キャッシュレスになると、ビジネスでも当然メリットがあります。まず店舗や銀行に現金を置かないので、窃盗事件が減ります。脱税もほぼ不可能になり、ＡＴＭに現金補充をする人的コストもなくなります。というよりも、ＡＴＭが不要になります。当然、レジ締めという作業もいらなくなり、店舗作業が効率化します。

日本は、今こそ思い切ってキャッシュレス普及率を上げる大胆な政策を採るべきだと思います。

第3章

マクドナルドの最強戦略

マクドナルドは不動産会社？

さて、本章では私が長年勤めてきたマクドナルドの最強戦略についてお話ししていきたいと思います。

日本においてマクドナルドをフランチャイズ展開する日本マクドナルドを創業したのは、藤田田氏です。藤田氏は、アメリカでマクドナルドがものすごい人気になっているのを目の当たりにし、この流れは必ず日本にもやってくると予見していました。折しも海外進出を目指していたマクドナルド本社には、ダイエー創業者の中内㓛《いさお》氏をはじめ日本の名だたる経営者や企業が、マクドナルドのフランチャイズ展開をさせてほしいと接触していました。ところが、もともと東京大学卒でＧＨＱの通訳として働いた経験があり、国際感覚に優れ、英語に堪能だった藤田氏を、マクドナルドの創業者であるレイ・クロックは最終的に選んだのです。その理由は、どんな大企業よりも、無名であってもマクドナルドのために専業で全力を注いでくれる人に任せたかったからだということでした。

1971年の日本マクドナルドの創業以来、マクドナルドは日本でもフランチャイズを拡大し続け、2023年12月期で直営店舗数878、フランチャイズ店舗数2104の合計2982もの店舗を経営するまでになりました。

ところで、あなたはマクドナルドのことを「外食産業」だというふうに認識していますでしょうか?

アメリカには、NYダウと呼ばれる株式指数があります。アメリカの株式市場に上場しているアメリカ有数の企業30社の株式を集めた指数で、通称「ダウ」「ダウ平均」などと呼ばれています。マクドナルドは、このNYダウの30銘柄に選ばれているのですが、どんな業種の企業として登録されていると思いますか?

実は、マクドナルドは不動産業で登録されているのです。それはなぜか。理由は、マクドナルドのフランチャイズ・ビジネスのやり方にあります。現在、アメリカには1万2000店舗ほどのマクドナルドのドライブスルーが存在していますが、それらの土地・建物はすべてアメリカのマクドナルド本社が所有しています。

アメリカ本社の場合は、80〜90%の店舗がフランチャイジーによる運営で、残りが直営店舗というところまで、フランチャイジーの比率が上がってきています。

そのため、アメリカ本社の売上の大部分を握っているフランチャイジーが、本社の指示をあまり聞かなかったり、いつ行ってもマクドナルドの理念とはほど遠い不潔な店舗を運営していたりした場合、売上が急減してしまうことになります。

そこで、アメリカ本社はこう考えました。フランチャイジーが運営する店舗の土地・建物は、本社がすべて所有してフランチャイジーに貸すことにし、何か問題があればすぐにキックアウトして別のフランチャイジーと契約を結べるようにすればいい、と。

このようなわけで、マクドナルド本社は無数の不動産を所有しており、それをフランチャイジーに貸すという業態を取っているため、NYダウには「不動産業」として登録されているのです。このマクドナルドのやり方は実によく考えられていて、店舗オーナーに土地を借りさせたり、所有させたりする日本流のやり方とは一線を画していると思います。

ちなみに、私が勤めていた日本マクドナルドでは、日本の土地・建物がアメリカに比べて高いため、アメリカ本社とは少し違う方式を採りました。まず、日本マクドナルドが土地のオーナーと賃貸借契約をします。そして、土地のオーナーはその保証金で建物を建て、その建物を日本マクドナルドに貸します。さらに、その建物を日本マクドナルドがフランチャイジーにサブリースするという方式なのです。これなら、アメリカ本社と同じくフランチャイジーに問題があったらすぐにキックアウトすることができます。

この本社が不動産を握るというフランチャイズ経営こそが、マクドナルドの強みだったのです。

徹底された
マクドナルドの教育

フランチャイズ・ビジネスを世界規模で展開し成功したマクドナルドの強みは、前項で紹介したその独自のフランチャイズ運営方法にとどまりません。

フランチャイジーを増やし、なおかつどの店舗においても同じクオリティのサービス・商品を提供するために欠かせないものがあります。

それは、マニュアルです。

マクドナルドと言えばマニュアルを思い浮かべる人も多いのではないかと思いますが、それくらいマクドナルドでは徹底したマニュアル教育を行っているのです。

マクドナルドのマニュアルでは、すべてのメニュー製造と提供過程が8つのポジションに細分化され、製造業務・清掃業務・サービス業務に至るまで約2万5000

にも及ぶ項目が記されています。

このマニュアルはCDP(クルー・ディベロップメント・プログラム=クルーの教育計画)と呼ばれ、分厚い完璧な内容のマニュアルになっています。現在では、デジタルCDPという、タブレット端末を使ってクルーを教育するツールも使われています。

私が日本マクドナルドに入社した当時、日本マクドナルドにもすでに詳細なオペレーションマニュアルが存在しており、それに従って教育を受けました。入社して1週間ほどは、当時代々木にあったオリンピック村の施設で集合研修を受け、その後は御茶の水にあったマクドナルドの教育機関「ハンバーガー大学」(のちに詳しく説明します)で、BOC(ベーシック・オペレーション・コース)を勉強しました。その後は、店舗での研修を受けました。

ちなみに、あなたは「オペレーション」という言葉の意味を正しく理解していますか?

オペレーションとは、きちんとしたマニュアルが存在している状況で、そのマニュアルの内容を100%遂行することができる運営能力のことを言います。

完璧なマニュアルと、それを実行するオペレーション。この両輪ががっちりと嚙《か》み合うことで、マクドナルドではどの店舗においても同じ高品質のサービスと商品をお客様に提供することができるのです。

多くの方は、マクドナルドの分厚い完璧なマニュアルを見たことがないでしょうから、あまりピンとこないかもしれませんが、はっきり言ってあのような精緻なマニュアルは日本人には作れないと思います。

なぜなら、日本人は「ゼロからイチを生み出す」のが苦手だからです。マニュアルと聞くと、単なる手順書だろうと軽く見ている人も多いかもしれませんが、マクドナルドの店舗運営における混乱をなくし、誰もが完璧なオペレーションができるようなマニュアルを作れと言われたら、それがどれほど大変な作業になるか、想像できるでしょうか。

マクドナルド本社では、マニュアルを作るための専用の研究所（ラボ）があるくらいなのです。そのラボで実際の店舗と同じサイズの店舗を作って、どの動き方、どの動線が最も効率的かを、あらゆる角度から動画を撮影して、それを検証するという方法で日々研究しているのです。

効率性を追求するために、マクドナルドはそこまでやるのです。

ちなみに、マクドナルドでは完璧なマニュアルを使って徹底したクルー教育を行っていますが、店舗運営のすべてがマニュアルによって規定されているわけではありません。マニュアルはあくまでも、現場の混乱をなくし、誰でも同じ高品質のサービス・商品を提供できるようにするものであり、いわば「指針」のようなものです。

マクドナルドの店舗では、店長は自分で売上目標を設定し、その目標を達成するための資材の発注、クルーの給与、店舗改装をはじめとする維持コストの捻出などをコストコントロールして経営者として利益を出さなければなりません。

要するに、マクドナルドではマニュアルを重視しているものの、そこで働いている人々はマニュアルに縛られた「マニュアル人間」になっているわけではないということです。

マニュアルはあくまでも「指針」に過ぎず、日々の経営に関する「決断」は店長に一任されているからです。もちろん、ハンバーガーの作り方や、マックフライポテトの作り方に関して、店長の裁量が入り込む余地はありませんが、店舗運営における、特に経費や人事のコントロールに関しては、店長の裁量に任されているのです。

さて、こうしたマクドナルドにおける徹底した教育は、先ほど少し触れたように、「ハンバーガー大学」という機関で行われています。

ハンバーガー大学とは、マクドナルドが運営する全日制トレーニングセンターのこと。初めて設立されたのは、1961年のことでした。設立当初は、「ハンバーガー大学」という名称があまりにも大げさに聞こえたためか、揶揄《やゆ》されることもあったようです。ところが、アメリカの有名雑誌「ライフ」の記者がハンバーガー大学を直接取材し、その内実が明らかになると、全米の人々はマクドナルドがいかにハンバーガー作りに対し、真剣に取り組んでいるかを知って衝撃を受けたそうです。

ハンバーガー大学のカリキュラムは、まず、ポテトやパティなどの食材に関する知識を得ること、ハンバーガー、マックフライポテト、マックシェイクなどの全商品の知識を得ること、店舗のフロアスペース、厨房設備、調理機器の構造と使用方法を知ること、マクドナルドの経営理念、実践的なストア・オペレーションに至るまで、ハンバーガー作りに携わる人間が知っておかなければならないあらゆる知識と技術が網羅されています。

しかも、ハンバーガー大学では、最新の教育理論や手法が用いられており、単なるマクドナルドの店舗で働くスタッフを育成するというだけでなく、生涯にわたって有益となる「リーダーシップ」を学ぶことができます。スタッフに求められる能力だけでなく、マネジメント能力も身につけることができるのです。

マクドナルドの店舗で働く社員全員がハンバーガー大学で学ばなければならないという規定になっています。それほど、マクドナルドでは社員教育に力を入れているのです。

ハンバーガー大学のトレーニングコースには、6つのコースが用意されています。まず、基礎コースである「BOC」、中間コースの「IOC」、機械コースの「AEC」、上級コースの「AOC」、店長コースの「SMC」、スーパーバイザーコースの「STC」です。

ほとんどのコースにつき、1コース3～5日間の宿泊トレーニングが課されます。特に上級コースのAOCは学ぶべき知識やスキルが多いため、7日間のコースとなっています。

AOCで勉強する内容は、マーケティング、人事、利益管理、機器の構造原理、応用心理学など多岐にわたるだけでなく、非常に高度なものになっています。このことから、マクドナルドがどんな人材を育成したいかがよくわかります。

そして、このAOCを修了した社員には、「ハンバーガー修士」という称号が贈られることになります。さらに上級のSTCを受講したい場合は、アメリカ・シカゴにあるハンバーガー大学に行く必要があります。

マクドナルドが運営するハンバーガー大学は、9カ国に存在しています。マクドナルドの店舗は全世界100カ国以上にありますから、すべての国にあるわけではありません。世界で2番目に古い歴史を持つハンバーガー大学は、日本のハンバーガー大学です。1971年5月に開校し、7月1日には第1期生を送り出し、同月20日に日本におけるマクドナルド第1号店がオープンしています。

つまり、日本マクドナルドは、1号店をオープンする前にハンバーガー大学を設立し、1期生を育て上げ、彼らを1号店に送り込んだということです。

藤田田社長は、ハンバーガー大学の入学式のあいさつでこう語りました。

「私は諸君に、当社が儲《もう》かるようにやれ、とは言わない。後世の審判に耐え得るようなインターナショナルな人間になってほしい。マクドナルドで仕事をしたおかげで、いろんなアングルから物事を見ることができるようになった、そう言える人間になってくれればそれでいい。自分がそこまで成長したなと思ったら、独立なり転職なりを考えて辞めると申し出ていただいてもいい。私は、この大学をインターナショナル・ビジネスマン養成学校だと思っている。諸君は月給をもらいながらその養成学校に入っているのだ。その結果として、わが社は儲かるかもしれないが、私は何も諸君を牛馬のごとくこき使って儲けようと思ってはいない。人間の成長を心から念願して養成すれば、必ず好結果を得られると信じているからです」

いかがでしょうか。マクドナルドが、単に「マニュアルに従うだけの人間」を育成しようとしているわけではなく、「自分の頭で考えて決断する人間」を育成しようとしていることがよくおわかりになったのではないでしょうか。

マクドナルドの世界最強のオペレーション

マクドナルドは、世界で100カ国以上、約4万店以上もの店舗で、同じ美味しさ、同じサービス、同じ清潔さを実現しています。

マクドナルドが大切にしている経営理念があります。それは、「QSC＋V」です。Qは「Quality（品質）」、Sは「Service（サービス）」、Cは「Cleanliness（清潔さ）」のこと。そして、Vは「Value（価値）」の頭文字です。

マクドナルドは、お客様に最高の食事体験を提供するために、常にQSCの3つを向上させていき、その延長線上にマクドナルドにしか提供できないV（価値）を生みだそうとしているのです。それこそが、マクドナルドの追求している企業としての使命でもあります。

ＱＳＣ＋Ｖを実現し、絶えず向上させていくためには、何が必要でしょうか。

ここまで読んでこられたあなたはもうおわかりだと思います。そう、「マニュアル」と「オペレーション」です。マニュアルとオペレーションなくして、同じＱＳＣをすべての店舗で実現することはできません。繰り返しになりますが、オペレーションとは、マニュアルを完璧に遂行する運用能力のことを言います。

マクドナルドのオペレーションは、レイ・クロックの右腕として活躍したフレッド・ターナーが企業理念をもとにして作ったマニュアルに則っています。オペレーションの目的は、「効率」と「均質」です。そして、それを実現するために作業手順を綿密に言語化したものがマニュアルということになります。

外食産業において、ＱＳＣが欠如してしまうのは、致命的な失点です。ＱＳＣが欠如しているレストランや飲食店は、絶対に継続して成功することはできません。そして、ＱＳＣを実現するには、マニュアルに基づいたオペレーションが不可欠なのです。

マクドナルドは、全世界4万店舗以上で、変わらぬ美味しさ、変わらぬサービス、変わらぬ清潔さを、多種多様な従業員によって実現し続けています。これは、マクドナルドの計算し尽くされたオペレーションによって成り立っています。

マクドナルドのオペレーションの最大の特徴は「スピード」。外食産業は物販業と違って、来店した客はほぼ100%商品を買ってくれますが、それは「提供が早く」「席が空いている」ことが条件になります。提供を早くするには商品を速く作ることも重要ですが、注文の処理もきわめて重要です。そこで、マクドナルドは最速で注文をさばくためにドライブスルーの注文レーンを2つに増やし、店頭注文では「ハンディPOS」と呼ばれる機器を持ったクルーが注文を聞きに行ったり、カウンター横にあるタッチスクリーン式のセルフレジやモバイルオーダーといった注文方法を導入したりすることで、お客様の注文をさばく際のロスタイムを最大限削減し、世界トップレベルのオペレーションを実現しました。

そんなマクドナルドは、いかに自社のオペレーションを改善し続けてきたのでしょうか。私の実体験を踏まえながらお話ししたいと思います。1985年から3年間、私はアメリカ・マクドナルドのオペレーション・デベロップメントという部門で働いていました。まさにオペレーションを開発する部署にいたのです。その部門では、オペレーションの開発以外に、マニュアルの作成、調理機器の開発、店舗レイアウトの効率化などを担っていました。

同部門に選ばれるのは、全世界からわずか30人ほどで、いわゆる少数精鋭部隊でした。そこで私は、マクドナルドのオペレーションを向上させるために、アメリカでのPOS（販売時点情報管理）開発と「メイド・フォー・ユー」の開発を担当することになりました。

POSとは、「Point Of Sales」の略で、店舗における物品販売の売上実績を、その商品が販売された時点で記録し、集計するシステムのことを言います。「いつ」「どこで」「どの商品が」「いくつ」売れたのかを、リアルタイムで管理するのです。POSはレジに導入されるため、POSレジなどとも呼ばれます。

実は、私が渡米するよりも前の時点で、日本マクドナルドと松下通信工業（現・パナソニックモバイルコミュニケーションズ）は、日本マクドナルドにおける業務用POSを共同開発していました。

私がその日本版POSのオペレーションの要件定義を担当していたことから、アメリカでもPOSを導入してさらなる効率化を図るために、私に白羽の矢が立ったのでした。

日本マクドナルドが開発したPOSは、会計時の処理スピードがより速くなっただけでなく、レジの小型化にも成功しました。それまでのマクドナルドが使っていたレジは大型だったため、お客様とクルーがお互いの顔が見えづらいというデメリットがあったのですが、それが解消されることになりました。

そして、ＰＯＳには、会計処理の高速化以外にも大きなメリットがありました。それは、販売時の売上がほとんどリアルタイムで記録されていくので、そのデータを見て分析すれば、「どれだけの食材を仕入れればいいか」「何人の人員で対応すればいいか」がすぐにわかるようになったのです。これによって、店舗運営のオペレーションが飛躍的に向上することになりました。

わずか半年という短期間で開発されたＰＯＳレジは、従来のレジとは比べものにならないほどの高速処理が可能になり、また、操作の容易性も格段に向上しました。

そして、この日本マクドナルドが開発したＰＯＳレジが、アメリカ本社の目にとまり、日本でオペレーションを担当していた私がアメリカのオペレーション・デベロップメント部門に転籍して、アメリカ版ＰＯＳの開発に携わることになったというわけです。日本のマクドナルドが開発したものであっても、それが効率化を図れる優秀な製品であるなら貪欲に取り込んでいく。それがマクドナルドのやり方です。何よりも効率化を優先しているのです。マクドナルドのPOSレジは、現在も改良を重ね続け、オペレーションは絶え間なく改善し続けています。

さて、私がオペレーション・デベロップメント部門で開発に携わったのはPOSだけではありません。今ではマクドナルドでは当たり前になっている「メイド・フォー・ユー(MFY)」システムの開発にも従事しました。

メイド・フォー・ユーとは、作り置きの商品を提供するのではなく、お客様から注文をいただいてからバーガーなどを調理して、「できたて」を提供するマクドナルドのシステムのこと。今でこそ当たり前になっているオペレーションですが、マクドナルド創業当初にはありませんでした。

当時のアメリカ本社では、このシステムの開発をしていたので、私も参加することとなりました。マクドナルドの完成品には、それぞれに「ホールディングタイム」というものが設定されています。作ってから販売してもいい時間のことです。ホールディングタイムを過ぎると、その商品は廃棄しなければなりません。その頃、マクドナルドではこのホールディングタイムを過ぎて廃棄処分しなければならない商品が、全売上の1~2%を占めていたのです。廃棄処分するということは、売上の観点だけでなく、食品ロスの観点から見てもバッシングの対象になりかねないことでしたので、どうにかして廃棄せずに済むようにしたいというのが、私たちの共通する思いでした。

メイド・フォー・ユーを実現するため、私たちは焼いたミートパティの保管庫を作るというアイデアを思いつきました。マクドナルドのハンバーガー調理では、ミートパティを焼く所要時間が最も長く、メイド・フォー・ユー実現の最大のハードルになっていました。そこで、あらかじめミートパティを温めたものを保管しておける保管庫があればいいのではないかと考えたのです。ミートパティだけを温めておいて、それを保管しておき、注文を受けてからそのパティを使って調理するわけです。

というわけで、30分間ミートパティを保管することができる保管庫を開発し、オペレーションを効率化することに成功しました。このやり方なら、仮に30分以内に販売できなくてもパティだけの廃棄で済みますから、廃棄食品をかなり減らすことができるようになりました。しかも、注文から提供までもかなりスムーズになります。

また、メイド・フォー・ユーを実現するために、クォーターパウンダーと呼ばれる厚いミートパティの焼き方を工夫することを考案しました。それまではスパチュラと呼ばれる器具でパティをひっくり返して両面を焼いていたのですが、上下からサンドウィッチのように熱源で挟んで両面を同時に焼く「クラムシェル」という方式を開発し、クォーターパウンダーの調理時間を短縮することに成功。それに加え、バンズをトーストする機器も新たに開発し、15秒で焼けるようにしました。

メイド・フォー・ユーは、私がアメリカの同部門にいた頃には完成しなかったものの、開発の基礎部分ができあがったのを見届けて帰国しました。アメリカでメイド・フォー・ユーが正式に導入されたのは1990年代の初頭、日本では2004年に導入されることになりました。

その他、マクドナルドでは店舗運営を効率化するため、スウィング・マネージャーというタイトル（地位）を用意しています。これは、アルバイトと社員の中間のようなタイトルで、時給で働くものの、職務内容には社員が担っている業務の一部も含まれます。つまり、スウィング・マネージャーに社員の担う一部業務を移管することで社員の削減を実現したのです。

スウィング・マネージャー制度を運用しているチェーン店は決して多くありません。ディズニーストアやＫＦＣにもこの制度を導入し、人件費を大幅に削減するとともに社員の労働環境を大幅に改善しました。

仕事をやらせるのではなく、仕事に対するやる気を持ってもらう

マクドナルドと言えば、「お客様にハンバーガーを提供する会社」だと思っている方が多いと思います。しかし、マクドナルドをグローバル企業にまで育て上げたレイ・クロックは、こう言っています。

「マクドナルドはお客様にハンバーガーを提供するビジネスではなく、ハンバーガーの提供によるピープルビジネスだ」と。

このピープルビジネスという考え方は、マクドナルドの経営理念を支える価値観の一つです。人と人との交流の上に成り立ち、人を大切にするビジネスという意味です。

これまでご覧になってきたマクドナルドの人材教育の内容を見てきても、マクドナルドが「人」をどれだけ大切にしているかは、皆さんもうおわかりかと思いますが、

ここでは、マクドナルドがそこで働く人々のためにどのような工夫をしているかについて、さらに見ていきたいと思います。

皆さんは、ＥＶＰという考え方をご存知でしょうか。

ＥＶＰとはEmployee Value Proportionの頭文字を取った略称で、日本語では「従業員価値提供」と訳されます。企業が、そこで働く従業員に提供することができる価値のことを指しています。例えば、ワークライフバランス、福利厚生、家賃補助、資格取得補助などが代表的なＥＶＰに挙げられます。従業員が「この会社で働いていると、こんないいことがある！」と思ってくれるよう、企業が提供できる価値全般を意味する言葉です。

マクドナルドは、このＥＶＰを非常に重視しています。マクドナルドという企業が、従業員に対してどのような価値を提供できるかということです。たいした価値を提供できない場合、従業員はその会社へのエンゲージメントが低くなり、必然的に業績が落ちてしまいますし、長い目で見れば離職する人が続出してしまうかもしれません。

日本マクドナルドでは、このＥＶＰと、これまでにご紹介したマクドナルドが重んじているＱＳＣ＋Ｖを高めるために、ある取り組みを行っています。それが、「オール・

ジャパン・クルー・コンテスト」、通称ＡＪＣＣです。

ＡＪＣＣは、その名の通り、全店を対象とするコンテストです。しかし、スキルを競い合うだけでなく、長年にわたって働いてくれたクルーへの表彰も目的の一つとなっています。ＡＪＣＣは、通常5月頃に開催され、12月の全国戦まで続きます。日本マクドナルドのクルーは、7〜8のポジションのうちの1つを選んで参加することとなり、まずは店内戦を戦い、エリア戦、ミニブロック戦、地区本部代表戦と勝ち抜いていったクルーが、最後に「全国戦」で火花を散らします。

この戦いに参加するクルーを店舗が一丸となって応援することで、店舗の団結力が高まりますし、「スキルへの意識」も同時に高まることになります。マクドナルドのクルーが求められるスキルの奥深さ、面白さといったものをみんなで共有することが、それぞれの自己研鑽《けんさん》へとつながり、また、「マクドナルドで頑張りたい」というエンゲージメントを高めることになるわけです。

マクドナルドの従業員の働きがいを高める取り組みはまだまだあります。

例えば、シフトを雇用者が押しつけるのではなく毎週希望のシフトを提出してもらったり、週2時間勤務といった勤務形態にも対応したりといったフレキシブルな働き方を提案しています。

また、「レコグニッション」といって、スタッフの活躍を企業側が積極的に称賛することを心がけています。店舗の事例紹介やお客様からいただいた感謝のお手紙などをスタッフ間で共有することも行っています。

もちろん、マクドナルドはスタッフのスキル習得に常に前向きですし、単なる店舗における作業スキルのみならず、リーダーとしてのスキルを身につけてもらいたいという思いがあるため、一生かけて成長できる「ライフロングスキル」の習得に対して前向きです。そして、それを実現できるだけのシステムを自社が持っているのです。

マクドナルドのピープルビジネスという考え方は、店舗で働いてくれているクルーとの関係だけでなく、フランチャイズのオーナー（フランチャイジー）との関係にも生きています。マクドナルドのフランチャイジーは、基本的に兼業はできません。レイ・クロックのポリシーとして、「マクドナルドの経営に集中してほしい」というものがあり、フランチャイジーは夫婦で、マクドナルド専業で頑張っていくのが条件になっています。マクドナルドの他にKFCも吉野家も経営するということは、できない規定になっています。

クルーたちにさまざまな評価基準を用意しているように、マクドナルドではフランチャイズ・オーナーにも「フランチャイズ・オーナーレビュー」という評価基準を用意しています。評価内容は、売上（セールス推移）、QSC、投資（5年ごとに内装、10年ごとに厨房の改装がされているか）、財務（キャッシュフロー）、会社に対してのロイヤルティ（忠誠心）などの項目に分かれており、A、B、C、D、Fの5段階で評価されます。

もし、D評価を受ければ警告を受け、F評価を受けてしまえば、もう次回の更新はありません。Fは「Fired（クビ）」のFでもあるのです。

ここで重要なのは、マクドナルドはフランチャイズ・オーナーをいきなりクビにすることはないということです。契約更新の1年前に、まず「D評価」によって警告をし、その後改善されていけば問題なしと判断します。突然、一方的な契約打ち切りをすることはありません。その点については、むしろ日本企業のほうが冷淡かもしれません。マクドナルドには、フランチャイズ・オーナーの皆さんとも手を取り合って一緒に成長していくというマインドがありますので、オーナーレビューによってフランチャイズ・オーナーに奮起してもらい、仮にダメになっても挽回の猶予を与え、ともに前へ進んでいこうとしているのです。

マクドナルドは世界最強のマーケティング会社でもある

世界情勢、社会情勢が刻々と変化しているように、マーケットもまた常に変化しています。ビジネスの世界で、継続的に利益を上げるためには、マーケットの動向にいつも目を光らせ、その変化に柔軟についていくことができなければならないのは今や常識だと思います。

マクドナルドという企業が、これほどまでのプレゼンスを占めるに至った理由はいくつも挙げられますが、マーケティングに力を注いできたこともその一つです。

マクドナルドは、マーケティング会社、それも世界最強のマーケティング会社であると言っても過言ではありません。

私がマクドナルドにいた頃、日本マクドナルドは、毎年売上の約4・5％をマーケティングコストに使っていました。

4・5%というと、売上が4000億円ならば約180億円ということになります。私が働いていた頃は、その中の一部をオリンピックとFIFAワールドカップのグローバルパートナーとしてスポンサー費に使っていたのです。

恐らく多くの方が、オリンピック中継やW杯の中継番組で、マクドナルドのコマーシャルを見た記憶があるのではないでしょうか。マクドナルドは、自社のマーケティングの結果、この2つのイベントに広告を出せば売上がアップし、ブランド価値も上がるという確信を持って広告を出し、成功を収めてきました。

マクドナルドのマーケティング活動は、そういったイベントのスポンサーになる範疇にとどまりません。日夜、マーケティングによる企業努力を続けています。マーケティングとは、お客様のニーズを突き止め、それに応える努力を指します。

例えば、1987年に始めた「サンキューセット」。覚えていらっしゃる方もいるかもしれませんが、好きなバーガーとポテトS、ドリンクSがついて390円で販売するというサービス。これもマーケティングの成果の一つでした。

最近では、「100円マック」というサービスが好評を博していましたし、夕方5

時以降限定で、一部のバーガーのパティを100円または200円プラスで「倍」にする「倍マック」というサービスも大人気となりました。

倍マックは、2018年3月19日から2024年3月11日までの約6年間でなんと累計販売食数が1・5億食を突破したそうです。これも、「パティを倍にしたものを食べたい！」というお客様のニーズを見事につかんだマーケティングの賜物と言っていいでしょう。

マーケティングという活動の領域はかなり広く、例えば私がマクドナルドにいた頃などは、POSを用いてプロダクションコントロールを行っていました。これはマーケティングリサーチと呼ばれ、マーケティングの一種です。プロダクションコントロールとは、あらかじめ売上記録を参考にすることで、次の1時間に何個のバーガーを作っておけばいいかを見極めることを言います。

まだメイド・フォー・ユーがなかった頃は、今後の売れ行きを予測して完成品を事前に作っておき、それを売るということを実践していました。

また、データが蓄積してくると、月曜日にはこのバーガーはいくつくらい出るといった予測も立つようになります。それがさらに高度になると、男性で20代ならこの商品を買う確率が高いということまでわかってくるようになります。

マクドナルドのシステムには、相手の話を聞かなくても客層だけで何が売れやすいかを予測する機能が組み込まれていたのです。こういった機能は、データとして蓄積しておけば、後の商品開発にも大いに役立ちます。

また、店舗ごとに、その周辺地域でどういったイベントがあるのかといったことを把握しておけば、さまざまな予測に役立ちます。

明日の何時に近くの小学校で運動会があるとわかれば、運動会開始前に親御さんが子どものためにハンバーガーを買いに来るとか、運動会の後にどのくらいの親子連れが来店するとか、子どもたちが何時頃に大勢やってきて何を注文するかといったこともだいたい予測できます。しかも、店舗の経営が長くなればなるほど、データが蓄積されていくので、予測の精度は高まっていきます。

これも立派なマーケティングリサーチの一環です。

ですから、マクドナルドでは、アルバイトとして働いているクルーの情報も大事にしているのです。大型の店舗なら、およそ50～100人程度のクルーが働いているので、彼ら・彼女らから得られる情報は十分価値があるものになります。

アルバイトはほとんど地元の方ですから、地元の情報に詳しく、店舗運営者は彼らの情報をもとに独自のマーケティングをすることがあります。

ちなみに、マクドナルドのキャッチコピーは2003年から有名な「i'm lovin' it」という全世界統一キャッチコピーに移行しましたが、それ以前は日本マクドナルドが独自に決めていました。「味なことやるマクドナルド」「おいしいね、マクドナルド」「いつでもそこにマクドナルド」など昔のキャッチコピーを覚えている方も多いのではないでしょうか。こういった取り組みも、当然マーケティングの一環です。

オリンピックとW杯のスポンサーの話に戻します。マクドナルドは、オリンピックにしても、W杯にしても、かなり長い間ずっとトップパートナーとしてスポンサーになっています。

例えば、1998年の長野五輪の時などは、オリンピックの選手村にマクドナルドを出店し、選手たちが食べられるようにしていました。ただし、オリンピックに関しては、協賛スポンサーとしてオリンピックのロゴが出せることと、オリンピック関連のプロモーションができるということ以外のメリットは薄かったと言えます。なぜかというと、オリンピックの場合は、マクドナルドの広告をフィールド上に出せなかったためです。フィールドに出せないとなると、競技を見ている視聴者の目にはマクドナルドのロゴは目に入らないということになります。

一方、W杯はサッカーのピッチにマクドナルドの広告を出すことができました。ご存知のようにW杯は全世界で高い視聴率を誇るイベントですから、これは計り知れないほどの効果が上がりました。W杯のゴール付近の広告は、企業が順番で表示されるようになっていましたので、ゴールが決まった瞬間にマクドナルドの広告が表示されていればラッキーでした。何十億人という人が見ている場に、マクドナルドのロゴやキャッチコピーが映るわけですから、絶大な効果がありました。一方、オリンピックはスポンサー料が大幅に値上がりしたことで費用対効果が低くなったため、現在はスポンサーを降りているようです。

加えて、マクドナルドがW杯のスポンサーを務めたことで、入場券を事前に注文することが可能となり、「抽選に当たればW杯にご招待します」といったキャンペーンを展開しやすくなったのも大きなメリットの一つです。

柔軟なローカライゼーションによる成功

不動産を軸としたフランチャイズ、完璧なマニュアルとそれに基づく世界最強のオペレーション、徹底的な人材教育とEVPによる定着率の向上、長きにわたって結果を出し続けているマーケティング、常に魅力的な価格で商品を提供する価格戦略など、これまでマクドナルドが世界一の外食企業としてトップを走り続けてきた理由の数々を詳細にわたり見てきました。

しかし、マクドナルドは完璧というわけではありません。

アメリカで生まれたハンバーガー・レストランの考え方が、日本人には合わなかったというケースも多々あったのです。それでも、日本マクドナルドがここまで成長を続けることができたのは、ひとえに創業者・藤田田氏の手腕があったからなのです。

外資系企業が世界で成功するには、ローカライゼーションが不可欠です。

実は、その考えをアメリカのマクドナルドに知らしめ、広めたのは、他ならぬ「てりやきマックバーガー」というローカル商品を生み出した藤田氏率いる日本マクドナルドだったのです。

ここでは、マクドナルドを日本に広めた藤田氏の生涯について紹介しつつ、マクドナルドのローカライゼーションの凄みについてご説明したいと思います。

藤田氏は、東京大学法学部在学時から授業料と生活費を稼ぐために通訳として働き、そこで出会ったユダヤ人から『ユダヤの商法』を学びました。そして、1950年、24歳の時、まだ大学在学中でしたがヨーロッパの輸入雑貨販売店「藤田商店」を設立し、ビジネスの道に進みます。

海外渡航の経験が豊富だった藤田氏は、早い段階でアメリカのマクドナルドを知り、いつか日本でもハンバーガーが普及する時が来ると確信していました。ぜひマクドナルドを日本で事業展開したいという思いを抱いた藤田氏でしたが、実はマクドナルドを日本でやりたいと思っていた企業や経営者はすでにたくさんいました。藤田氏は、むしろやや遅れてのスタートだったのです。

ところが、レイ・クロックが藤田氏に会いたいと連絡し、両者が面会すると、クロックと藤田氏はたちまち意気投合します。クロックはそれまでに300名以上の日本人と会っていたのですが、日本のマクドナルドを任せたいと思ったのは藤田氏が初めてだったそうです。藤田氏に白羽の矢が立ったのは、ひとえに藤田氏の英語力、国際感覚、ビジネスに対する鋭い感性でした。

日本マクドナルド創業に当たって、藤田氏がクロックに求めた条件は以下の通りでした。出資比率は日本とアメリカで50：50にすること、社長も日本人にすること、利益はアメリカに還元せずに日本で再投資することという破格とも言える条件です。

反対に、クロックが藤田氏に課した条件はたった一つ。

「マクドナルドを必ず日本で成功させること」でした。もちろん、藤田氏はそれを受け、交渉は成立。日本マクドナルドが誕生することとなったのです。

さて、日本マクドナルドが設立されたら、問題は1号店をどこに出すかです。アメリカ本社は、ハンバーガー店なのだから「郊外に出すべき」と意見してきました。ところが、「1にロケーション、2にロケーション」と出店する立地に強いこだわりを持っていた藤田氏は、郊外出店に反対します。

彼が1号店を出店するべき場所として挙げたのは、なんと東京・銀座三越の1階でした。「庶民の食べ物であるハンバーガーをなぜそんな高級なところに?」と、アメリカ本社は難色を示しました。アメリカ側としては、日本にまだ馴染《なじ》みのないドライブインを展開してほしかったので、郊外に出すべきだと考えていたのです。

しかし、実は当時アメリカのハンバーガー大手だったバーガーシェフという企業が日本の神奈川・茅ヶ崎ですでにオープン、ドライブイン方式があえなく失敗していたのでした。その経緯を横目で見ていた藤田氏は、粘り強い交渉を重ね、1号店を銀座での出店としたのです。この時、藤田氏は取材に訪れた記者に対し「将来必ず年商を1000億円にしてみせる」と語ったそうです。

それにしても、なぜ藤田氏は銀座にこだわったのでしょうか。

彼は、「舶来文化(外国から来た文化)は高いところから低いところに流れる」と考えていたのです。銀座にオープンすることで話題性を演出し、庶民にマクドナルドが知られるようになってから、日本全国津々浦々に展開するべきだというのが藤田氏の考えでした。

そして、銀座にマクドナルド1号店を出すという発想は見事に大当たりしました。

それだけでなく、銀座1号店の成功に驚いたアメリカ本社は、それまでの郊外にドライブインを出すという発想を転換し、ニューヨークのマンハッタン、ロンドン、パリといった都会にマクドナルドを出店し、「車だけでなく歩行者を店舗に誘引する」という戦略を採るようになったのです。

まさにこの例こそ、日本マクドナルドが最初に行ったローカライゼーションだったと言えますし、藤田氏の発想がアメリカに逆輸入されて、そちらでも成功したわけですから、藤田氏の国際感覚・ビジネス感覚がいかに鋭く先見的だったかがよくわかると思います。

日本マクドナルドが行ったローカライゼーションと言えば、「てりやきマックバーガー」が有名です。

マクドナルドでは、新商品開発の際にテイストレーティングという工程を実践します。いろいろな試作品を街頭で食べてもらって、味に10段階の点数を付けるのです。これを仙台、静岡、岡山、香川、広島、愛媛などの地方でもTVCMを使い、テストマーケティングをしました。

当時は、ビッグマックのテイストレーティングが一番高かったこともあり、なんとかしてそれよりも高い点数を獲得するような商品を作ろうということで、私たち日本マクドナルドの開発部門は意気込んでいました。

実はマクドナルドでは、アメリカ国内のフランチャイズ・オーナーたちが新商品を開発してヒットさせた実績を数多く持っていたのですが、アメリカ国外の人間が考えた商品というのは基本的に認められていませんでした。

そのような状況のなか、いざ、てりやきマックバーガーのテイストレーティングを行ったところ、ビッグマックを超えるポイントを獲得したのです。

その後、アメリカ本社とやり取りをすることになり、てりやきマックバーガーのレーティングがあまりにも高かったので、アメリカ本社もGOサインを出してくれ、その後にテストマーケティングを行って、全国展開したところ、見事大ヒットするに至ったというわけです。

このてりやきマックバーガーの大ヒットは、マクドナルドにとって全世界で初めてのローカライゼーション成功例でした。これによってアメリカ本社はローカライゼーションを解禁し、日本マクドナルドでは私も含めて多数の日本限定商品を開発することになったのです。

マクドナルドの奇跡のV字回復

１９９４年、私はマーケティング本部にシニアディレクターとして異動になりました。売上高と経常利益（次ページ参照）を見てもらえればわかるように、１９９１年から１９９４年は業績が低迷しており、業績の改善が急務となっていました。そのため、私たちは次の３つの戦略を立てました。

①価格戦略（バリューセットなど）
②期間限定の新商品開発
③サテライト戦略（ＰＭＯ）

■売上高と経常利益

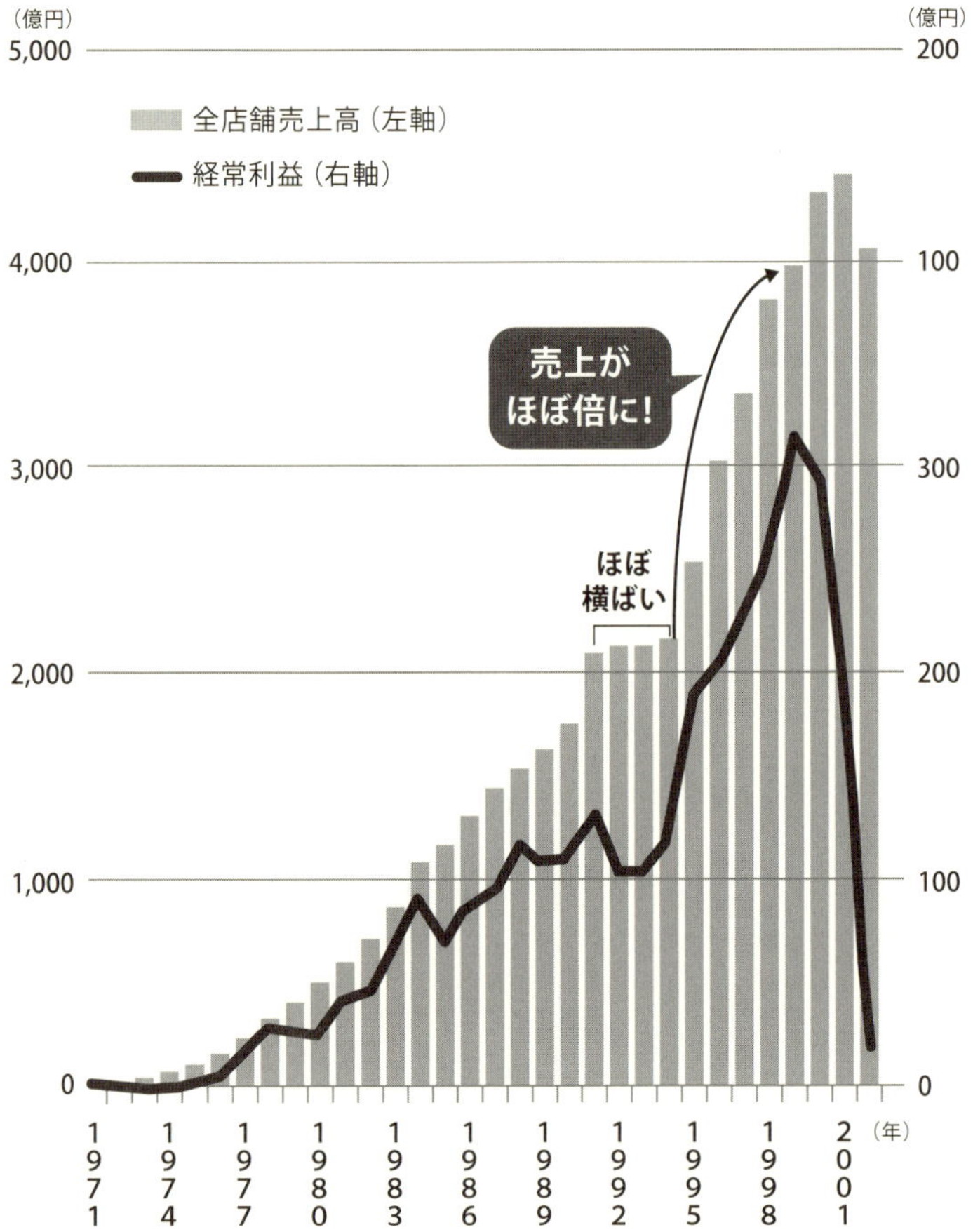

（億円）
5,000
4,000
3,000
2,000
1,000
0
（億円）
200
100
300
200
100
0
全店舗売上高（左軸）
経常利益（右軸）
売上が
ほぼ倍に！
ほぼ
横ばい
1971
1974
1977
1980
1983
1986
1989
1992
1995
1998
2001
（年）

まずは①の**価格戦略**について説明しましょう。

私たちは初めに「ハンバーガー妥協価格累計グラフ」というものを作成しました。妥協価格とは、お客様が「これくらいの値段なら買ってもいい」と思うラインの価格を意味しています。

それによると、1994年当時はハンバーガーが210円の場合、その値段なら買ってもいいと答えた人がわずか20％しかいませんでした。

ちなみに、2024年現在のマクドナルドのハンバーガー価格は、単品で170円となっています。それが、私がマーケティングに異動した時、210円だったのです。この210円というかつてのハンバーガーの価格は、満足度調査を行った上で決めたのではありません。

私たちは、「そもそも210円という価格は適正な値付けなのだろうか？」「このままの価格で売上を最大化できるのだろうか？」と疑問に思い、お客様にアンケートをとり価格満足度調査を行うことにしました。

ハンバーガーは朝の10時から閉店時間まで販売しており、だいたいお昼の12時から1時に売上全体の30％くらいを売り上げていました。

ハンバーガーの売上、時間帯、購入者の人数などを把握し、例えば午前10時から11時の間にハンバーガーを購入するのは5人ということがわかったら、同じ時間帯に路上を歩いている同じ人数の人に声をかけてアンケートをとったのです。

つまり、店舗に近いところで実際のハンバーガーを食べていただいて、「このハンバーガーをいくらだったら買いますか？」と質問するわけです。この時、「マクドナルドのハンバーガーであることを伝えた場合」と「伝えなかった場合」の両方のデータをとるようにしました。

結果的に、当時210円だったハンバーガーをその値段で買ってもいいと答えた人は、20％しかいませんでした。80％が「買わない」と答えたのです。

それでは、100％が「これくらいなら買う」と答えた価格はいくらだったかというと、100円でした。

よくお客様満足度100％などという言葉を耳にすることがありますが、私に言わせれば満足度100％を追求していたら、その企業は早晩潰れてしまいます。当時、お客様満足度100％を追求して、100円でハンバーガーを売っていたら困ったことになっていたはずです。そこで私たちは、現実的なところで、80％以上のお客様が

「これなら買う」と判断できるラインを突くべきだと考えました。

アンケートの結果、ハンバーガーが130円なら約80%もの人が「買ってもいい」と判断したため、そのあたりの価格が最も良い結果をもたらすのではないかと考えた私たちは、1995年、210円から130円に値下げすることにしたのです。また、ハンバーガーだけでなく、チーズバーガー（240円→160円）とダブルチーズバーガー（350円→270円）も妥協価格に従って値下げを敢行しました。

210円から130円に値下げするということは、80円も値下げすることになります。もちろん、マクドナルドとしては大変ですが、いったん下げてしまえば、あとはその価格で売れるよう努力をするしかなくなります。そのためには、材料の仕入れ価格をできるだけ下げる必要があります。

マクドナルドは、世界規模の大企業ですので、材料の調達場所をどこか1カ所に限定せず、全世界の調達先から仕入れることができています。

これは、マクドナルドが全世界で店舗展開しているがゆえのメリットと言えるでしょう。とはいえ、全世界から安い肉を仕入れていると聞くと、「品質は無視しているのか」と思われるかもしれません。しかし、そんなことはありません。100%ビーフなど多くの素材には厳格な品質基準が設けられ、それらは一元管理されています。仕入れ値の安さを優先するあまり、品質にばらつきがある仕入れをするようなことは決してないということです。

ここで紹介したいのが、アメリカは外圧によってビジネスを進めるのが、上手いということです。1991年に日米で牛肉輸入自由化協定が結ばれました。これにより今まで貿易赤字だったアメリカは安いアメリカ産牛肉を大量に輸出できるようになったのです。これは日本マクドナルドにとってプラスに働きました。他にも日本の半導体ビジネス弱体化の原因となった1986年の日米半導体協定や、商店街の弱体化につながった1992年の大型店出店規制緩和など、アメリカは外圧によってビジネスを有利に進めてきました。一方、日本の企業はこのような手段を取るのが、とても苦手です。

話を戻しますが、マクドナルドは、仕入れルートを全世界的に整備し、その構造を徹底的にシステム化しています。

それだけでなく、全世界で店舗展開をしていることのメリットを生かし、世界で今一番安い材料はどこにあるか、旬の素材はどこにあるかといった情報をつかむことによって、その時一番安い材料を調達することが可能になっているのです。

これは同じく世界的大企業のコカ・コーラなどもやっています。全世界で展開している企業は、最も安い原材料を仕入れることができるため、提供価格を低く抑えられるわけです。ちなみに、1990年代に円高が進んでいた頃には、それまで国内調達していた材料を、海外から調達するように切り替えて、コストを大幅に抑えることができました。

結果的に、この値下げはマクドナルド全体の努力で上手くいきます。

ところで、価格という点に関して言うと、日本人には興味深い特徴があります。

210円なら買ってもいいと言った人は20%ですが、200円なら買ってもいいと言った人はなんと50%を超えたのです。たったの10円で30%以上も増えています。これは、日本人が「丸め」るのが好きだからだと思います。

つまり、キリのいい価格です。

200円と190円だとそれほどの差はないのに、210円と200円との間には大きな差がある。このことは、日本の国内市場でモノを売る時には、念頭に置いたほうがいいかもしれません。

そして、日本人は「丸め」るのが好きというこの特性を突いた戦略が、皆さんの中にもご存知の方が多いであろう「バリューセット」でした。

1990年代半ばといえば、バブルが崩壊したあとの時代です。それまでの嘘《うそ》のような好景気は一転、日本国内には厳しい不景気の波が襲いかかってきていました。1990年から売上が低迷していた日本マクドナルドは、そうした状況で「デフレ社会が来る」と予測を立て、1994年に新しい価格戦略「バリューセット」を打ち出したのです。それまでは、各種ハンバーガー、マックフライポテト、ドリンクのセットを490円、590円、690円といった価格で販売していました。それらを400円（ハンバーガー・チーズバーガー）、500円（フィレオフィッシュ、てりやきマックバーガー）、600円（ビッグマック）というお得感を感じられる3つの価格帯で販売することにしたのです。しかも、これを期間限定のキャンペーンではなく、恒久的に続けるキャンペーンとして打ち出しました。

これは、バブル崩壊後に懐事情が厳しくなった日本人に広く受け入れられ、絶大な反響がありました。不景気の時代に企業が商品の価格を下げてくれたら、誰だって嬉《うれ》しいものです。バリューセットという戦略は、先のハンバーガーの値下げと相まって、日本での売上を飛躍的に伸ばす原動力となったのです。

さて、実際のところ、バリューセットという戦略にはどのようなメリットがあったのでしょうか。

実は、それまでのマクドナルドでは、「ハンバーガーを単品で買う客」が多いという事情がありました。ハンバーガーが210円で、それにマックフライとドリンクも付けてセットにすると高くなってしまうので、お客様の中には単品でハンバーガーを食べて満足するという人がそれなりの割合で存在していました。

ドリンクとマックフライは比較的原価率の低い商品であり、逆にハンバーガーは原価率が高い商品でした。ということは、多くのお客様にハンバーガーだけを注文されると、原価率が高い商品しか売れないことになり、マクドナルドの利益は縮小してしまいます。

そこで、ハンバーガー、ドリンク、マックフライのセット価格を思い切って下げることで、単品のハンバーガーを買おうとしている人にもセットで買ってもらえるようになるのではないかと考えたのです。これは結果的に大当たりで、バリューセットをリリースする前のテストでは、実に70％もの人が単品ではなくバリューセットを買うという結果が出ていました。

原価率の高いものを単品で買われるよりも、その商品を原価率の低い商品とセットで買ってもらうほうが、客単価が上がり、利益率も上がり、売上がアップします。

そして、そのメリットはもちろんお客様のほうにもあります。

それまでは価格のことを考えて、ハンバーガー単品で我慢していたお客様が、低価格でドリンクも一緒に注文できるようになるわけですから、特にお持ち帰りのお客様などにはたいへん喜ばれていました。

マクドナルドにとっても、お客様にとっても、Ｗｉｎ‐Ｗｉｎの戦略、それがバリューセットだったのです。

次に②の**期間限定の新商品開発**について説明します。

私たちは月見バーガー、ベーコンレタスバーガー、グラタンコロッケバーガー、てりたまバーガー、グリルビーフバーガー、かるびマック、クラブハウスマック、ベーコンフレッシュバーガー、レタス＆ペッパーバーガー、トリプルマックなどなど、10種類以上の期間限定商品を開発し、２～３カ月に一度のペースで月間限定商品（バーガーオブザマンス）プロモーションを展開しました。これらの中には30年経過した現在でもプロモーションが展開されているものもあり、私たち開発者にとっては実に嬉しい限りです。

月間限定商品は1カ月限定なので、一度食べてみておいしいと思ってもらえれば、自然と来店頻度が増え、来店客数も大幅に増えるため、売上の増加につながります。

最後が③の**サテライト戦略（PMO）**です。PMOとはProfitable Market Optimizationと呼ばれる出店戦略です（次ページ参照）。これは、立地の良い小型の駅前店や、ショッピングセンターにおけるフードコートなどのサテライト店の出店を進めることで、マーケットにおける売上と収益を最大化するビジネスモデルで、店舗数は1994年から1999年の5年間に約2000店舗増加しました。

これら3つの戦略によって日本マクドナルドはV字回復を果たします。業績は大きく上がり、1994年に2152億円だった売上は1999年には3944億円となりました。売上はほぼ倍になり、経常利益は300億円超えとなったことで、どちらも過去最高を記録したのです。この成果を残して、私はディズニーへ転職しました。

ちなみに、業績の良い時に転職をすると転職する側が有利となります。逆に業績が悪い時に転職をすると、足元を見られてしまいます。

■PMO戦略の事例

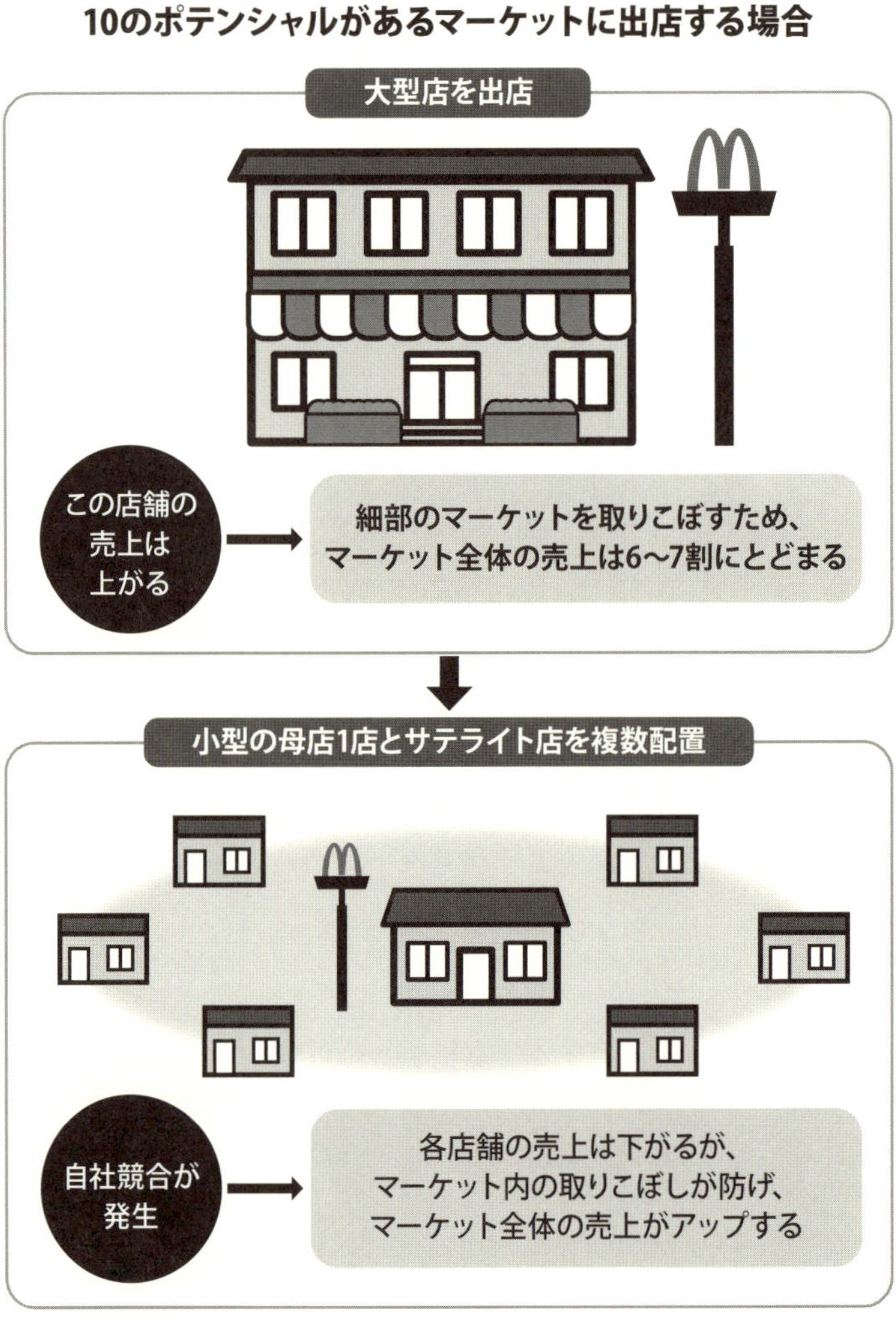
10のポテンシャルがあるマーケットに出店する場合
大型店を出店
この店舗の売上は上がる
細部のマーケットを取りこぼすため、マーケット全体の売上は6～7割にとどまる
小型の母店1店とサテライト店を複数配置
自社競合が発生
各店舗の売上は下がるが、マーケット内の取りこぼしが防げ、マーケット全体の売上がアップする

第4章

ディズニーの最強戦略

ディズニーストアで学んだ飲食店と小売店の違い

38歳の時にアメリカから戻ってきて10年間、日本マクドナルドで働いた私は、マクドナルドでできることはほとんどやり尽くしたという実感を持つようになりました。そして、外食とは全く違う物販に挑戦してみたいという思いが日に日に強くなっていました。と同時に、日本帰国後はヘッドハンティングのお話も、ちらほらいただくようになっていました。

１９９７年の秋頃、折しもそこへディズニーストアから転職のお話をいただきました。当時の社長の評判があまりよくなかったため、「次の社長が来るのであればお受けしたい」とヘッドハンターに伝え、次期社長に決まったポール・キャンドランドと面談させていただくと、お互いに意気投合。１９９９年、49歳でディズニーストアへの転職を決断することになりました。

もちろん、簡単にマクドナルドを辞めることはできませんでした。藤田田さんには二度も退職届を破られ、強く引き留められたのですが、「とりあえず一度外に出させてください。武者修行のつもりで行かせてください」と説得し、ようやく許可をもらうことができました。

こうして1999年4月1日付で私はディズニーストアに入社。3日間のオリエンテーションを受けた後は、3カ月間のトレーニングを受けるために渡米し、セントルイス近くのショッピングセンター内にあるディズニーストアで研修を受けました。若いキャストと同じ服装を着ての接客トレーニングを受けることになったのです。

ディズニーストアに転職し、研修を受けている時、ディズニーにもマクドナルドと同じような分厚いオペレーションマニュアルがあったことがとても印象に残っています。やはり世界を制する企業には、こういった分厚いマニュアルが用意されているのだなという認識を新たにしました。

ところが、日本に帰国すると、ディズニーストアにはオペレーションマニュアルがありませんでした。1992年にオープンしてから7年が経過し、アメリカからは優秀なエクスパット（駐在員）が派遣されていたにもかかわらず、です。私は急遽《きゅうきょ》アメリカから持ち帰ったオペレーションマニュアルを日本語に翻訳させ、スタッフへの徹底的な指導を始めることを決めました。

さて、外食産業のマクドナルドから物品販売業のディズニーストアに転職してからというもの、私はその両者の違いを強く痛感するようになりました。

外食産業では、「回転率」と「客単価」がとても重要です。外食の店舗では、来店した人がほぼ100％何かを買ってくれるのが当たり前だからです。もちろん、客席が満席なら話は別ですが、ほぼ間違いなく来店＝購入となっています。ですから、いかに回転率を上げるか、いかに客単価を大きくするかが大事なのです。

しかしながら、マクドナルドの場合は、ドライブスルーを運営していますので、客席数が関係ないため、回転率よりもむしろオペレーションの時間をどれだけ短縮できるかということが重要になってきます。そのため、マクドナルドでは、従業員たちは回転率・客単価に加えて、オペレーションの質を高めて時間を短縮するということにも心血を注ぐようになるのです。

それとは反対に、物販の世界では、100人のお客様が来店しても、その100人全員に何かを買ってもらえるとは限りません。私たちが日本のコンビニエンスストアの売上を分析したところ、来店した人のうち何かを購入してくれた人は50％を切っていました。

この来店した人に占める何かを購入してくれた人の比率を「買い上げ率」と呼びます。私は、物販ではこの買い上げ率が非常に重要だということを知り、なんとかして買い上げ率を向上させようと努めました。

買い上げ率を計算するには、まず、来店者数を正確にカウントする必要があります。そこで、私たちは店舗入口の天井に数百万円もするトラフィック・カウンターを設置し、買い上げ率を把握できる環境を整えました。その当時、買い上げ率を調べるためにトラフィック・カウンターを設置していた企業は、ディズニーストアとギャップだけでした。もちろん、ともに外資系企業で、日本の企業は買い上げ率という概念そのものにまだ関心を持っていなかった時代です。

それでは、物販における買い上げ率は、だいたいどの程度なのかというと、ユニクロを例に挙げますと、１９９８年11月に出店されたユニクロ都心第1号だった原宿明治通りの店舗で約20％だったと思います。流行りに流行って、売れに売れているユニクロでも買い上げ率はその程度だったのです。

買い上げ率について考える時に重要なのは、買い上げ率を1％上げると、売上が10％も上がることです。買い上げ率10％のお店が、11％に上がるということは、購入客が約1割増えるということですから、売上は約1割増になるということです。

たかが1％と侮ってはいけないのが、買い上げ率なのです。

私はディズニーストアで買い上げ率の重要性を知り、それを上げる努力を続けた結果、転職当初は10％だった買い上げ率を20％まで上げることに成功しました。

また、買い上げ点数も重要なファクターでした。外食産業の場合は、売上は「入店者数×単価」で計算すればよかったのですが、物販の世界では「入店者数×買い上げ率×単価」で導き出すことになります。これに加えて、そのお客様が1度の買い物で何点の商品を買ったかという「購入点数」が売上に影響するのです。

外食では、人間の胃袋には上限がありますので購入点数にはおのずと限界が設けられますが、物販の世界には購入点数の上限は基本的にありません。つまり、1人のお客様にできるだけ多くの点数を買っていただければ売上もアップしていくことになります。

買い上げ率と購入点数の両方を上げるためには、適切なロケーションを見つけて入店者数を上げた上で、接客の質を向上する必要があります。外食産業と物販業にはさまざまな違いがあるものの、ロケーションが大事ということに関しては共通していました。マクドナルドと同じく、ディズニーストアも1にロケーション、2にロケーション、3、4がなくて、5にロケーション。それくらいロケーションは売上を左右するのです。

そして、買い上げ率や購入点数と同じくらい重要なのがSKUです。SKUとはStock Keeping Unit の略称で「在庫管理の最小単位」のこと。もっとわかりやすくいえば、その企業が販売している商品点数のことです。

物販業に携わったことがある人なら、誰もが「広く浅く商品を並べたほうが売れるのか」、それとも「狭く深く商品を並べたほうが売れるのか」という問題について一度は考えたことがあるのではないでしょうか。

多くの物販業者は、「広く浅く並べたほうが売れるのでは？」と考えてしまいがちです。しかし、これは間違いです。ディズニーストアも、かつてはキッズ・ファミリー向けのSKUを1万点近く用意していました。とにかく購入点数を上げてもらうために、関連グッズをたくさん作ってSKUを多くする戦略を採ったのです。

ところが、これは明らかに多すぎでした。SKUを多くすると、広く浅く陳列することになり、売れ筋の商品ほどすぐに在庫切れを起こしてしまいます。お客様が欲しいと思っている商品ほどすぐになくなるわけですし、売れ筋以外の商品が売れ残りやすくなるのでまったく非効率的です。

一方、SKUを絞れば、お客様は自分の欲しい商品、売れ筋の商品を探しやすく、店側は狭く深く仕入れているわけですから、在庫切れを起こしにくくなります。

私がディズニーストアで働き始めてから、このSKUを絞る必要性に気づいて1万点から1500点にまで絞り込むことになりました。SKUを絞る必要性に気づいたのは、お客様への出口調査がきっかけでした。

お店の出口で、お客様にインタビューをしたわけです。

しかし、「買った人」にしたのではなく、「買わなかった人」にしました。買った人が何を買ったのかはお店のほうで把握していますから、出口調査というのは買わなかった人にすることに意味があるのです。

そして、買わなかったお客様にどうして買わなかったのかを尋ねていくと、およそ半分ぐらいの方が「買いたい商品が見つからないから」と答えたのです。

当時は、あまり接客もしていなかったので、SKUが多いと商品すべてを均等に発注するため、売れ筋は早く在庫切れになり、売れ筋でない商品は大量に売れ残り、おまけにお客様は自分の欲しいものがどこにあるのかがわからないという状況に陥ってしまっていたのです。

そこで、当時はかなり社内で反対を受けたのですが、1万点から1500点ほどまで、約8割の商品を削って、SKUを大幅に減らすことにしました。それまでは、キッズ向けの商品とアパレルがメインだったのですが、アパレルはサイズをすべて置かないといけないのでスペースを取りますし、SKU自体を増やしてしまいます。ですので、子ども向けとアパレルを縮小し、代わりにYAF向けの雑貨を増やした上で、SKUを絞るようにしました。「YAF」とは「ヤング・アダルト・フィメール」の略称で、「若い大人の女性」という意味です。つまり、20代の日本の大人の女性たちをコアターゲットにしたのです。なお、日本のディズニーストアは、現在YAFをターゲットにした専門ストアを約40店舗展開しており、すべてにおいてYAFの女性が楽しめる空間作りがなされています。しかも、そのストアで販売されている商品の実に9割以上が日本のオリジナル商品なのです。結果的にこの改革と後述する接客の強化によって、買い上げ率が20％にまで上がるようになったのです。

また、ＳＫＵを絞る際には、私はキャスト（ディズニーにおけるアルバイトのこと）の意見を大事にしていました。例えば、ボールペンを販売する際、その商品が8色展開されているとしたら、その8色を全部均等に発注するのは絶対にダメです。それでは、何が売れ筋で、何がそうでないかを把握できていないということですから、必ず売れ残りが出てしまいます。

そこで、私は事前にキャストたちに商品を見てもらって、どの色がいいか、どの色が欲しいかを調査することにしました。なぜなら、ディズニーストアのキャストはＹＡＦが多いため、好みが客層と合致するからです。そうして、キャストの意見を発注数に反映させることで、需要と供給に合わせて在庫量を適切に調整できるようになったのです。

ＳＫＵを絞らず、すべて均等に発注するというのは、物販業においては買い上げ率も購入点数も下げてしまうので、やってはいけない愚策だったのです。

私が買い上げ率を10％から20％にまで上げることができた要因には、接客の質の向上もありました。私が入社する前のディズニーストアではほとんど接客らしい接客をしていなかったため、SKUの多さも相まってお客様が自分の欲しい商品がどこにあるか探すことができないという問題がありました。

接客の質が売上にどれだけ貢献するかを確かめるために、ある店で店員をレジ担当だけにしてみたことがありました。すると、売上がガクンと下がったので、やはりキャストにマクドナルドと同じく、購入点数を増やすための「セールストーク」をさせることが大切だと気づいたのです。

「接客の質を向上すれば、ディズニーストアの売上はアップする」と確信した私は、マクドナルドの接客をディズニーに持ち込むことにしました。

もともとディズニーストアの人員管理は緩く、時間帯ごとにどれくらいの人員を配置すればいいかなどは考えずに場当たり的に配置していました。そこで、マクドナルドの「アワリーレイバー（時間帯ごとに必要な人員）」という概念を導入することにしました。マクドナルドでは、15分刻みで売上記録を確認してレイバースケジュール（シフト表）を作っていましたが、ディズニーストアにはそれがなかったのです。マクドナルドのアワリーレイバーをそのまま導入し、レイバーコントロールを徹底することで、トラフィックの多い時にはキャストを増やし、ゲストを接客することで売上をアップでき、逆にトラフィックの少ない時には無駄なコストを減らすことができました。

また、マクドナルドでは一般的だった社員とアルバイトの中間的な「スウィング・マネージャー」もディズニーストアにはいなかったので、「リードキャスト」という名前で導入しました。これによって、マクドナルドと同様に店舗ごとの社員数を最小限に抑えることができ、レイバーコストの削減に成功、みるみるうちに利益が上がっていったのです。

ディズニーの完璧なコンテンツスキーム

私は、ディズニーストアでストアのオペレーションのトップとして、マーケティング、店舗開発などすべての業務を担当していました。今で言えばCOO（最高執行責任者）のような位置づけだったと思います。

仕事は順調だったのですが、ディズニーストアはアメリカのディズニー本社など、ディズニーの他部門に比べると利益率が低かったため、世界中のディズニーストアはそれぞれ他社に売却されることになってしまいました。

そこで私は、ヘッドハンターと売却後の身の振り方について相談し、KFC（ケンタッキーフライドチキン）に入社することにしました。マクドナルドとKFCの両方を経験したことがある人材というのは、私が初めてだったそうです。ところが、KFCは外資のヤム・ブランズ社が運営しており、日本ＫＦＣはヤム・ブランズ社と三菱商事が折半で出資して社長は代々、三菱商事から来るという会社でした。入社すると、そこは思いのほか「日本流」の経営をしている会社で、特に直営店の労働環境が悪く、社員の退職率が高いという問題を抱えていました。ＫＦＣにはマクドナルドの「スウィング・マネージャー」に相当する制度がなかったので、私は「シフトマネージャー」という名前で同様の制度を導入しました。その結果、社員の労働環境は大幅に改善し、人件費も削減できました。そして、直営店は過去最高の利益を上げることになるのです。

そうした頃、かつてのディズニーストア時代の社長だったポール・キャンドランドが今度はウォルト・ディズニー・ジャパンの社長に就任することとなり、彼から直接ディズニーに戻ってくるよう要請を受けたため、再び純粋な外資で自分の実力を発揮したいという思いを強くし、２００８年にウォルト・ディズニー・ジャパンに転職しました。

ウォルト・ディズニー・ジャパンは、ウォルト・ディズニー・カンパニーの日本法人であり、ディズニーの主力商品である「コンテンツ」を扱う会社です。ウォルト・ディズニー・ピクチャーズ、ピクサー・アニメーション・スタジオなどをはじめとするさまざまなスタジオの作品の配給、アメリカ本社が所有するキャラクターのライセンスビジネスやディズニーチャンネルなどの配信などを手がけています。

ウォルト・ディズニー・カンパニーの最大の特徴は、そのコンテンツの持っている力とその価値を最大限に引き出す経営手法にあります。それによってウォルト・ディズニー・カンパニーは、ライセンス・ビジネスにおいて世界で最も成功した企業になったのです。では、その経営手法についてこれから説明していきたいと思います。

私がウォルト・ディズニー・ジャパンに在籍していた当時、アメリカのウォルト・ディズニー社は、以下の4つの部門に分かれていました。

①パーク部門（ディズニーランド）
②モーション・ピクチャー（映画）部門
③テレビ部門（ABC、ESPN）
④コンシューマープロダクツ（商品ライセンス）部門

ちなみに、ディズニーストアはコンシューマープロダクツ部門の管轄でした。

ディズニーは2023年には総売上約888億ドル、約13兆円もの売上を達成しました。このうち、テレビ部門ではディズニープラスのストリーミング・サービスが会員数1億5000万人を突破、Huluも4800万人もの会員数を誇ります。まさに時代に即したストリーミング・サービスで、巨大な売上を計上しているのです。

そして、モーション・ピクチャー部門では、2005年にウォルト・ディズニー・カンパニー最高経営責任者に就任したボブ・アイガーが驚くべき経営手腕を発揮し、2006年にはピクサー・アニメーション・スタジオを、2009年にはマーベル・コミックを、2012年にはルーカス・フィルムを、2018年には20世紀スタジオ(21世紀フォックス)を買収し、そのすべてをウォルト・ディズニー・カンパニーの子会社とするに至ったのです。

世界の名だたる映像制作会社・コンテンツ制作会社がディズニーの傘下に入ることとなりました。今や、ピクサー映画も、「スター・ウォーズ」も、「アベンジャーズ」も、すべてディズニーが所有するフランチャイズとなりました。

まさに、ウォルト・ディズニー・カンパニーはコンテンツ産業の帝王と呼ぶにふさわしい地位にまで上り詰めたのです。

例えば、最近のディズニーアニメーションはピクサー・アニメーションとともにほぼ毎年アカデミー賞を受賞しています。特に、これまで合計12作品もの長編アニメーション映画がアカデミー賞を受賞しているピクサーがディズニー傘下に入ったことは非常に大きかったと思います。

このピクサー買収において立役者となったのが、ボブ・アイガーでした。もともとピクサーはルーカス・フィルムのコンピュータアニメーション部門として設立され、その後、アップルの創業者であるスティーブ・ジョブズが買収し、大株主となっていました。つまり、ピクサーの事実上の創業者はスティーブ・ジョブズでした。

1995年、ピクサーがわずか3000万ドルで制作した「トイ・ストーリー」が全世界で3億9400万ドル以上の興行収入を上げる大ヒットとなると、ピクサーは一躍、コンテンツ制作企業として世界的に知られるようになります。

当時から、ピクサーとウォルト・ディズニー・カンパニーは良好な協力関係を築いていましたが、2006年の前年に、ディズニーの最高経営責任者に就任していたボブ・アイガーの交渉が実り、ピクサーはディズニーに74億ドルで買収されます。これが、現在のディズニー社にとってきわめて重要な買収劇となったのでした。

ボブ・アイガーの交渉哲学は、たいへん興味深いものです。彼は、ほとんどのケースにおいて、企業価値とそれほど変わらない買収価格を提示します。つまり、企業価値よりも大幅に価格を下げて安く買いたたこうとするような交渉はせず、数字のごまかしなどもしないということです。そんなことをすれば、交渉相手が「敵」に変わってしまうリスクがあるからです。

また、ボブ・アイガーは企業を買収する際に、買収される側の企業に対してその会社の文化をそのまま残すということを約束していました。文化や社風をそのまま残すだけでなく、ディズニー本社から取締役を派遣するようなことすらしないというのです。一方、日本企業は企業の買収が絶望的に下手です。銀行や保険会社の合併では、無駄を省くことがまったくできず、社名ですらもどんどん長くなっていきます。みずほ銀行が合併によるシステムの複雑化から大きなシステム障害を起こしたのは記憶に新しいでしょう。また、外資企業を買収する場合でも、企業に自社の社員を放り込み、自社の文化や社風を押し付けてしまうのです。そもそも買収先の企業を見る目が日本企業にはありません。そのため、多くの日本企業が外資企業のM&Aに失敗しています（次ページ参照）。

■日本企業の外資M&A失敗例

買収側	被買収側	損失額
東芝	ウエスティングハウス	2600億円
日本郵政	トール社（オーストラリアの物流会社）	4000億円
三菱地所	ロックフェラセンター	500億円
キリン	スキンカリオール（ブラジルの大手ビール会社）	2000億円
第一三共	ラバンクシー（インドの後発薬品会社）	4500億円
NTTコミニケーションズ	アメリカペリオ	5000億円
パナソニック	ユニバーサル（MCA）	2000億円

各社IRなどをもとに作成

話をボブ・アイガーの交渉哲学に戻しますが、とことん誠実に交渉相手と向き合うのがボブ・アイガーのやり方でした。こうした哲学に裏付けられた誠実な交渉姿勢が次々に功を奏し、ボブ・アイガーは現在の巨大なコンテンツ帝国とも言うべきウォルト・ディズニー・カンパニーを作り上げたのです。なお、ボブ・アイガーは2020年にCEOを退任しましたが、後任のボブ・チャペックの業績が思わしくなかったため、2022年に社外取締役からCEOに再任されます。CEOに再任され成功したのは、アップルのスティーブ・ジョブズやユニクロの柳井正氏など、前例が非常に少ないので、ボブ・アイガーには頑張ってもらいたいものです。

話を戻しますが、こうしてディズニーは、ピクサー、マーベル・コミック（40億ドル）、ルーカス・フィルム（40億5000万ドル）、21世紀フォックス（713億ドル）と次々にコンテンツ制作企業を手中に収めたことにより、複数のブランドを常に抱えている状態になりました。

これは、経営にきわめて高い安定性を確保できるというメリットの他にも、非常に大きなメリットがあります。買収する企業の文化・社風などをすべて残したため、ピクサーにしても、マーベル・コミックにしても、それぞれの独自性を保ちながら、ブランドを発展させていくことができるわけです。

要するに、ディズニー傘下ではあるものの、すべての企業をディズニー色に染め上げてしまうわけではないので、幅広い視聴者層に対して訴求するコンテンツを作ることができるようになるのです。逆に買収先の優秀な人材をディズニー本社に呼び、その独自性を取り入れることすらあります。

ウォルト・ディズニー・カンパニーは、完璧とも言えるビジネススキームを有しており、それによって継続的に全世界で利益を上げています。彼らのビジネススキームは、「各事業部門のシナジー効果」を軸に考えられています。

例えば、日本における「アナと雪の女王」の例を見てみましょう。

「アナ雪」は、まずモーション・ピクチャー部門が制作した映画が大ヒットしました（日本だけで興行収入250億円）。そして、そのDVD、CDなどの関連商品がそれぞれ200万枚以上のヒットとなり、ライセンス商品も売れて1000億円以上の上代売上を稼ぎ出しました。それ以外にも、ゲーム（ツムツムなど）やコンテンツの二次使用、テレビ地上波放映（興行収入の約10％で、放送局に1回分の放映権を売却）、最後にパーク部門が東京ディズニーシーに「アナ雪」のアトラクションをオープンするという流れで収益を上げていきます。つまり、ディズニーのビジネススキームは、コンテンツを上流としてカスケードダウン（川上から川下へ）していく形になっているのです。優良なコンテンツさえ作ることができれば、それによって部門間のシナジー効果が自然と生まれ、収益が上がっていきます。

逆に言えば、最近のディズニーが業績不振になっているのは、映画のヒットが出ていないためでもあります。しかし、ディズニー本社のヒット作品はなくても、買収した子会社がヒット作を連発してくれていますので、ディズニーはこれからも安泰だと言えると思います。

ディズニー傘下の関連企業が制作した映画が、いかにヒット作ばかりであるかは、全世界映画興行収入のランキング（次ページ参照）を見れば一目瞭然です。

興行収入トップは、２００９年の「アバター」の29・２３７億ドルで21世紀フォックスの制作、２位が２０１９年の「アベンジャーズ／エンドゲーム」の27・９９４億ドルでマーベルの制作でした。ディズニー制作の映画は9位の「ライオン・キング」だけですが、10位中8・5本がディズニー傘下の制作作品なのです。ディズニーは、まさに映画界を席巻していると言っていいでしょう。

■全世界映画興行収入ランキング（2023年度）

1	アバター	29.237億ドル	2009年	FOX
2	アベンジャーズ/エンドゲーム	27.994億ドル	2019年	マーベル
3	アバター：ウェイ・オブ・ウォーター	23.203億ドル	2022年	FOX
4	タイタニック	22.648億ドル	1997年	FOX
5	スター・ウォーズ/フォースの覚醒	20.713億ドル	2015年	ルーカス・フィルム
6	アベンジャーズ/インフィニティ・ウォー	20.524億ドル	2018年	マーベル
7	スパイダーマン：ノー・ウェイ・ホーム	19.218億ドル	2021年	マーベル/SONY
8	ジュラシック・ワールド	16.715億ドル	2015年	ユニバーサル
9	ライオン・キング	16.631億ドル	2019年	ディズニー
10	アベンジャーズ	15.205億ドル	2012年	マーベル

※トップ10の8.5本がディズニーグループ。（スパイダーマンはマーベルとコロンビア・ピクチャーズが制作しているが、配給会社はSONYピクチャーズで映画化権もSONYピクチャーズが保有しているため、0.5本換算）今までに135本がアカデミー賞を受賞。なお、2024年には「インサイド・ヘッド2」がピクサー過去最高の興行収入となる16.498億ドルで、10位に入る。

ディズニー・ジャパンで実施した3つの施策

さて、ウォルト・ディズニー・ジャパンの話に戻しましょう。

私は、前にも述べた通り、ディズニーストアで働いた後に退職し、日本KFCへ転職しましたが、そこが思いのほか日本的な経営をする企業だったことに疑問を感じ、ウォルト・ディズニー・ジャパンの社長に就任することになったポール・キャンドランドに誘われ、2008年に同社に入社することになりました。

自分にとって3回目の転職で、入社当時の肩書はウォルト・ディズニー・ジャパンのコンシューマープロダクツ部門日本代表でPL責任を持ち、実質はCOOのポジションでした。

2008年、私が戻った時のコンシューマープロダクツ部門（キャラクターの使用権をライセンシーに許諾し、商品を開発してもらうライセンス部門）は、業績が下降しているところでした。私の見たところでは、同社がやや日本的な経営のやり方に染まろうとしていたので、それを外資的な経営のやり方に戻さなければならないと大改革を行うことにしました。

それによって同社の業績を回復させることができたのですが、ここではその時に私が行った3つの施策、「V字回復のための3つの秘策」について一つひとつ紹介していきたいと思います。

このV字回復のための3つの秘策は、私がマクドナルド時代から数十年にわたる外資での経験からたどり着いたもので、現在、苦境に陥っている多くの日本企業においても通用すると確信しています。

業績不振に陥っていたウォルト・ディズニー・ジャパンを立て直すために私が実行したV字回復のための3つの秘策とは、以下の方法でした。

①新機軸（ホワイトスペース）を見つける（おとなディズニー）
②完全成果主義をメインにした人事評価制度

③勝ち組企業と組む

第一の秘策、「**新機軸（ホワイトスペース）を見つける**」とはどういうことか。皆さんは、ホワイトスペースという言葉をご存知でしょうか。ホワイトスペースとは、スーパーマーケットの棚を見た際、商品が売り切れている場合、棚の後ろに白い壁が見えることから来ています。ビジネス的には、新たなビジネスモデルでなければ成功することができない事業領域を指す言葉です。

もっとわかりやすく言えば、それまで自社が得意としてきた領域以外の領域で、既存のビジネスモデルによってはリーチできない顧客がいて、なおかつその領域には競合がおらず新たな顧客との接点を生みだしていくことができる領域、といったところでしょうか。

つまり、ウォルト・ディズニー・ジャパンがそれまでやっていなかったビジネスモデルによって、新たな顧客との接点を生みだすことのできる領域に進んでいくということです。私は、この会社にとってのホワイトスペースは何だろうかと考え、ある結論にたどり着きました。

それが、「**おとなディズニー**」の導入だったのです。

それまでのディズニーのライセンス商品といえば、アメリカ本社の方針からメイン客層はキッズとファミリーで、それ以外の顧客層にはフォーカスしていませんでした。つまり、キッズとファミリー以外の大人はディズニーにとってのホワイトスペースだったわけです。

そのホワイトスペースに対してリーチできれば、ディズニーはほとんどすべての世代をターゲットにすることができるようになります。

このおとなディズニーという施策は、ホワイトスペースを見事に突くことができたため、日本に多数存在する大人のマーケットを押さえ、同社の売上を大幅に伸ばす原動力になりました。

なぜ、おとなディズニーが同社にとって正しい戦略だったのでしょうか。

それは「日本独自の客層」のおかげでした。東京ディズニーランドがオープンしたのは、1983年4月。その当時、ディズニーランドに初めて来園したという子どもが、例えば6歳だった場合、その人は今頃40代後半になっています。

当然、そのあとの世代も子ども時代からディズニーに親しんでいますから、20代から50代くらいまでの日本の大人たちは、大多数が子ども時代にディズニーと接点を持っており、そのほとんどがディズニーに対して少なからず親近感や好印象を抱いているはずです。

子ども時代にディズニーに夢中になったことがあってそのまま大人になった人々、そして、思春期にいったんディズニーから離れたけれども結婚し、子どもが生まれ、再び子どもと一緒にディズニーに戻ってきた人々など、日本にはさまざまな「ディズニーに親近感を抱いている人」が存在しているのです。

おとなディズニーという施策は、少子化と相まって日本独自の客層に訴求することができ、その結果、売上を大幅に伸ばすことが可能になったというわけです。もちろん、日本の特に大人の女性をターゲットにしたこの施策は、海外のディズニーでは採用されていない日本独自の施策でした。いわば、私流のローカライゼーションの一つだったと言えましょう。

このおとなディズニーという施策によって、ウォルト・ディズニー・ジャパンはホワイトスペースを見つけ、「日本の大人（特に女性）」という適切なターゲットを定めました。さらに、親が子どもに買い与えるディズニーベビーと合わせることで、全年齢のディズニーとのタッチポイント（接点）を増やすことに成功し、「ゆりかごから墓場まで」ディズニーと親しんでもらえるような環境を生みだしました。

大人にディズニーと親しんでもらえれば、当然、その子どもたちにも親しんでもらえるようになります。そうすれば、ディズニーは末永く愛される企業になることができます。

おとなディズニーという施策のために、私たちが具体的にとったアクションは、「各カテゴリーのデザインガイドブックを子どもやファミリー向けのかわいいデザインから、大人用の洗練されたデザインに変更した」ことと、「商品展開を大きく変えたことでした。大人の特に「F1層（20〜34歳の女性）」と「F2層（35〜49歳の女性）」に訴求するような商品を多数用意して、展開することにしました。特に強く展開したのは雑貨です。雑貨とは、化粧雑貨、ホーム雑貨、ファッション雑貨、ステーショナリー雑貨の総称です。日本のビジネス界では雑貨というカテゴリーは一般的ですが、外国ではあまり知られていません。

ちなみに、もともと日本のディズニーランドの来園者は大人の比率が非常に高くなっていました。海外のディズニーランドは、今も半分以上が子ども、つまりファミリーが来園しているのに対し、日本のディズニーランドは、大人たちが多くやってくるという非常に珍しいテーマパークになっているため、このおとなディズニー施策が功を奏したのです。

ライセンスビジネスの「おとなディズニー」という施策は、完全に日本独自のものであり、ディズニー本社ですら気づかなかった新機軸（ホワイトスペース）を開拓することに成功した施策でした。私がディズニーにいた頃に行った施策のうち、最も成果が上がったものはと聞かれたら、真っ先に「おとなディズニー」と答えます。

実際のところ、このおとなディズニーという日本独自のローカライゼーションは、ディズニー本社や海外の支社でも勉強されるようになりました。コンシューマープロダクツ部門は、さまざまな国にありますので、そこからほぼ毎月誰かが日本に研修に来たり、私もロサンゼルス本社やロンドンのヨーロッパメインオフィス、シンガポールオフィス（東南アジア）、上海などに赴いたりして、おとなディズニーのローカライゼーションについてプレゼンしました。その結果、アメリカ本社では「おとなディズニー」と「ザッカ」が共通語になりました。

さて、私がウォルト・ディズニー・ジャパンをV字回復させるためにとった第二の秘策は「**完全成果主義をメインにした人事評価制度**」です。

私の前任者のアメリカ人は評価が甘く、社員の50％以上がAの評価でした。つまり、ジョブ型の「完全成果主義」が上手く運用されてなかったのです。

完全成果主義の人事制度は、業績連動が必須です。

業績によって昇進、降格や年収が決まります。

部下がいくら上司にゴマをすろうが、媚びを売ろうが、昇進できるかどうか、そのポジションを維持できるかどうかには関係がなく、ただただ成果を上げたかどうかだけで決まります。

こういった組織のほうが組織全体で成果を上げやすくなるのは、外資流の経営を経験したことがある人なら当たり前なのですが、まだまだビジネスの現場でも情緒にすがろうとする日本人には馴染みがなく、それが日本経済衰退の一因だと私は考えます。

さて、「完全成果主義」を正しく運用するべく、私がウォルト・ディズニー・ジャパンで導入した評価制度は、5段階の相対評価でした。

5段階評価といっても、日本的な5段階評価ではありません。

日本企業での5段階評価では、最も高い評価がSで、A、B、C、Dの5段階評価だとすると、Aをもらう人が最も多くなり、あまり業績が良くない人でも相手を傷つけないために最低でもB程度でお茶を濁すことがよくあります。そのせいで、Sがつけづらくなり、なぜか社員の多くがA評価をもらい、CやDなどをつけられる社員は事実上ほとんどいないといった状況に陥ってしまいます。

このような評価方法に、意味があるとは思えません。ほとんどの人がAをもらうことができ、悪くてもBで済まされるなら、社員は「向上しよう」というモチベーションも、「向上しなければまずい」という危機感も抱きにくくなります。

ですから、私は完全成果主義に基づく5段階評価を導入する際に、あるルールを設けました。そのルールは以下の通りです。

①ただ目標を100%達成しただけならB評価
②目標の達成度がかなり良ければA評価
③その上で会社にとってさらに意味のある価値を提供できればS評価
④C・D評価はボーナスを0にし、その分をS・A評価の社員に回す

つまり、目標未達成の場合は、CかDの評価を容赦なくつけることにしました。こ

れによって、目標を100％達成するのは「当たり前」という風潮を生み、かつ達成できなければ遠慮なしにC・D評価を受けるという緊張感をも生み、また、会社にとって意味のある価値を生みだせばS評価という最上級の評価を得られるのだという完全成果主義の考えを社員に浸透させることができました。

5段階評価をするならば、このようにメリハリをつける必要があると思います。

ここで紹介した完全成果主義の具体的な施策については、のちに詳しくご紹介しますので、そちらを参照してください。

次に、私がウォルト・ディズニー・ジャパンをV字回復させるためにとった第三の秘策は、「**勝ち組企業と組む**」ということでした。

これは特に、BtoB（Business to Business）、つまり企業間取引をする場合に、私が気をつけていたことでした。企業間取引とは、主に企業と企業が行う「コラボレーション」を指します。

ウォルト・ディズニー・カンパニーのようなコンテンツのライセンスを握っている企業とは、多くの企業がコラボレーションをしたいと考えています。

そのため、さまざまな企業からコラボレーションのお話をいただくのですが、同社に入社して私が行ったのが「コラボする相手は勝ち組企業にする」ことでした。

私が入社した当初は、450社ものライセンシー（ディズニーの許諾を得て、そのライセンスを利用したビジネスをする企業）がありました。ところが、そのうち上場企業はたったの10％しかいませんでした。

残りの90％は、売上が30億円未満の中小企業で、自社のブランドを持っておらず、ディズニーのライセンスに頼って商売しようとする企業でした。

そうした状況を改善しなければならないと決意した私たちは、思い切ってそういった中小企業との契約をやめることにしました。そして、勝ち組企業とだけ組むことにしたのです。

具体的にどうしたかといえば、まず、ホーム、ファッション、雑貨、食品、トイ（おもちゃ）、文具、書籍などのジャンルに分けて、その中でトップ5の売上を上げているプレーヤーをリストアップすることから始めました。

そして、まずラグジュアリーなどでハイブランドとコラボしました。有名な例ですと、メルセデスベンツともコラボしています。次にミッドエンドとコラボし、最後はマスマーケットですべてのニーズを刈り取りました。ここでマスマーケットをメインとしてしまうと、ディズニーのブランドイメージが下がってしまいます（次ページ参照）。

（次ページ参照）

特に100円ショップは各社キャップ（上限枠）を設けてコントロールしていました。

　つまり、まずはユニクロ、コーセー、バンダイ、キリンビバレッジ、アサヒ飲料、ヤクルトなど、それぞれのジャンルのトッププレーヤーの企業にアプローチしたのです。私はほぼ毎日トップ営業をしていました。当時の私の秘書が非常に優秀だったこともあり、だいたいどの企業も社長室に電話をしたら社長が面会に応じてくれました。そのため、上場企業社長300名以上の名刺が私の手元にあります。

　ちなみに、ウォルト・ディズニー・ジャパンには30名ほどの優秀な営業とクリエイティブがいましたので、例えばその時に公開予定のディズニー映画のキャラクターをデザインに落とし込んだ案を事前に作ってもらい、それを持って私たちが提案しに行きました。「美女と野獣」であれば、交渉先の企業が興味を持つような商品に、あらかじめ「美女と野獣」のデザインを落とし込んだ試作品を作り、それを持っていって提案させていただくわけです。

　中でも印象深かったのは、私が直接交渉させていただいたキリンの「午後の紅茶」とのコラボ案件です。年間売上で軽く数億本を超える人気商品です。その午後の紅茶

■ブランドのカスケードダウン

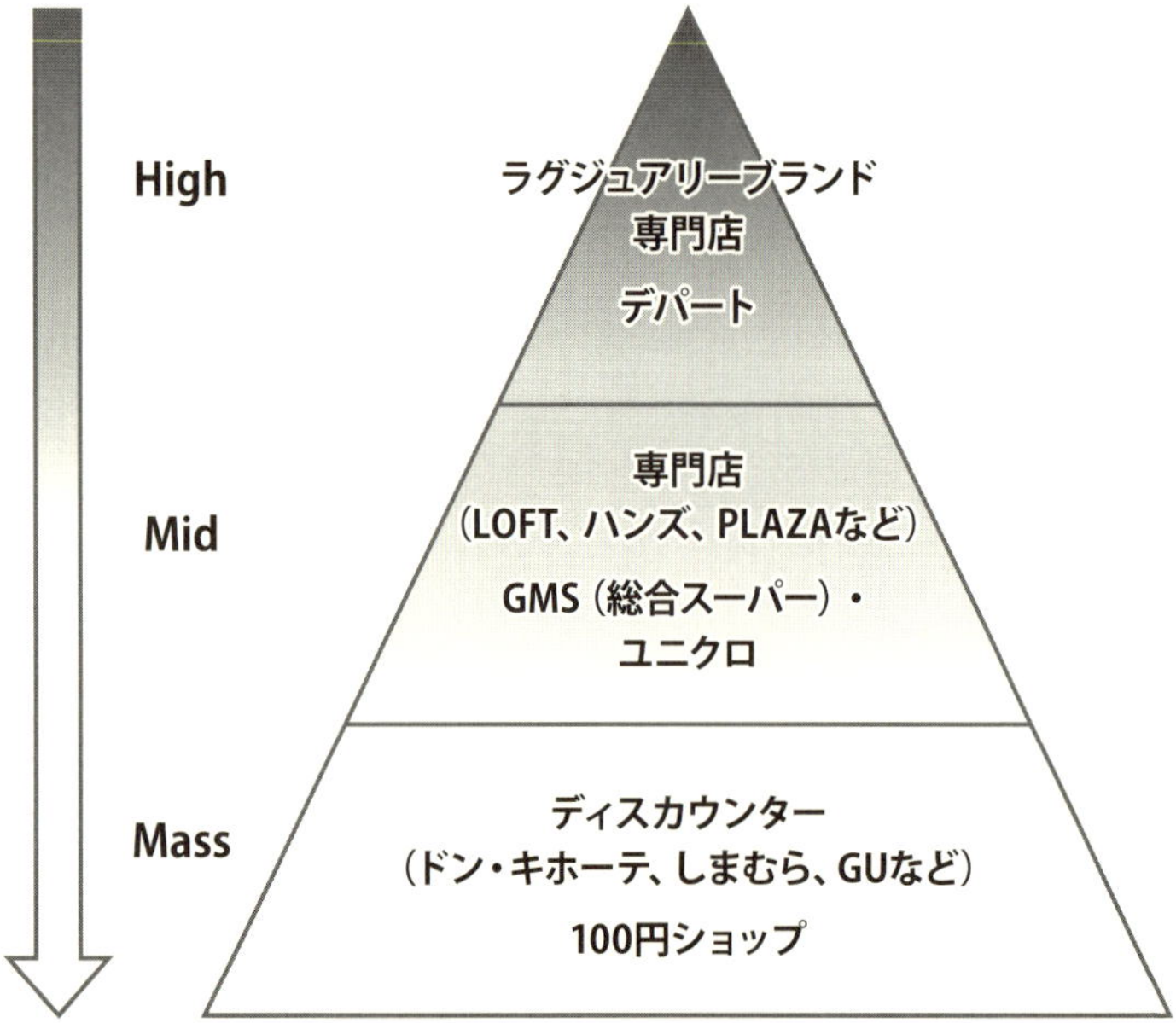

のボトルに、ディズニーの絵柄を載せてもらうというキャンペーンでした。私たちが施した工夫は、絵柄の数を10〜15種類に増やすことでした。そうすることによって、ディズニーファンは1本だけでなく全部の絵柄が欲しくなり、10〜15本全部を購入してもらえると考えたのです。こうすることで、本来は売れなかったかもしれない1本が売れるようになるわけです。このやり方は、ヤクルトとコラボした際にも使い、効果を上げました。

このように、大きなライセンシーと組むことによって、Ｗｉｎ－Ｗｉｎの関係を構築することができるようになりました。ディズニーも儲かり、ライセンシーも儲かるわけです。

ディズニーにもブランドがあり、ライセンシーになっていただくトップ企業も独自のブランドを持っていますから、ブランド×ブランドでかなりの爆発力を持って消費者に訴求できるようになるため、この勝ち組企業と組むという施策は大当たりしたのです。

実際のところ、どれだけの効果があったかというと、トッププレーヤーをメインに契約してライセンシーになってもらった結果、他の施策も功を奏し、売上が7年間でなんと2・5倍にまで伸びました。また、ディズニーライセンス商品の上代売上が初めて5000億円を超えました。

勝ち組企業と組んでコラボレーションをし、パートナーシップを組むことを推進する施策のメリットは、まず、第1にディズニーのブランドイメージを守ることができるということでしょう。

自社ブランドを安売りせず、同じく強いブランドを持った勝ち組企業とコラボすることで、ブランド価値を損ねるリスクが減り、むしろ多くの商品が市場に並び、コラボ商品のTVCMも流してもらえるので、消費者とのタッチポイントが増え、ブランド認知も上がります。

第2に、ディズニーと組んでくださる大手ライセンシーにとっても売上がアップする、Win-Winの関係になれることもメリットです。ディズニーが大手とだけ組んでいれば、ディズニーのブランド価値は守られ、同時にライセンシーのブランド価値も守られます。仮に、ディズニーがどんなライセンシーともコラボしていたら、大手のライセンシーが作るディズニー関連商品には特別感がなくなってしまいます。

強いブランドを持つ大手と組むことで、ディズニーもライセンシーもともに勝ち続ける構造を築くことができたのです。

ただし、ライセンシーはマクドナルドやKFCのフランチャイズオーナーと同じで常にモチベーションを与えていないと、他社に鞍替《くらが》えされてしまいます。ここで役立つのがJBP（ジョイントビジネスプラン）ミーティングです。これは大手リテイラー（小売業者、例：ウォルマートなど）とメーカーおよびサプライヤーが同じ立ち位置で翌年の売上目標を共有するアメリカのビジネスの商習慣で、日本には存在しません。私たちもトップライセンシーと年に1回社長を交え、必ず来期の目標設定ミーティングを行っていました。一方、日本では大手リテイラーの立場が強く、メーカー・サプライヤーは売上目標が共有できません。そのため、来年の売上目標は常に合意のない希望的セールス目標になります。これでは目標を達成していくための具体的なアクションが互いに起こせず、効率が悪くなります。ライセンシーと良好な関係を維持するためには日常のコミュニケーションが重要なのです。

以上の3つの施策が、私たちがウォルト・ディズニー・ジャパンの業績をV字回復させるのに用いた秘策でした。

これらの秘策のエッセンスは、日本企業においても通用することと思いますが、すぐにC・D評価の社員を生むことになる人事評価システムを導入するのは、いつまでも「情」で動いている日本企業にとっては難しいかもしれません。

しかし、今後の将来を見据えて企業としての体質を改善し、売上をアップし続けるためには、日本企業にこそ必要な施策であると考えています。

ディズニーのブランド戦略

ディズニーは世界のブランドランクで常にトップ10に入るほど、そのブランドはとてつもなく強い力を持っています。

それにしても、なぜ、ディズニーのブランド力はこれほどまでに強力で、全世界で影響力を持ち続けることができているのでしょうか。

ここでは、ディズニーというブランドがなぜこれほどまでに強いのか、そのブランド戦略の秘密に迫っていきたいと思います。

ウォルト・ディズニー・カンパニーのミッションは、ホームページによれば、

「世界中の人々を楽しませ、知的好奇心を満たし、ひらめきと感動をお届けすること。

象徴的なブランド、クリエイティブな精神、革新的な技術を生かして比類なきストーリーテリングの力を発揮し、世界最高峰のエンターテインメント企業であり続けます」

と書かれています。

この言葉には、ディズニーが世界一のエンターテインメント企業、コンテンツ企業であり続ける理由が凝縮されているように思います。

このミッションを遂行するために、ウォルト・ディズニー・カンパニーが取り組んでいる手法、ブランド戦略とはどんなものなのでしょうか。

まず、ディズニーは、キャラクターと、キャラクターの持っている力を非常に重要視しています。

なぜなら、全世界の顧客、ディズニーファンたちは、愛すべきキャラクターとのタッチポイント（接点）を欲しているからです。

顧客はストーリーを通してキャラクターを愛するのです。そして、そのキャラクターへの愛に応えるために、ディズニーはそのキャラクターと顧客との接点を可能な限り増やし、満足させようとしているのです。

一本の映画を、ディズニーがリリースするとします。すると、その映画が話題になると、間を置かずにディズニーは映画のキャラクターを使ったさまざまなグッズ、書籍、ゲーム、DVDやブルーレイ、専門サイト、東京ディズニーランド&シーでのアトラクション、ディズニー・チャンネルでの放送など、実に多岐にわたる横軸の展開を繰り広げるのです。

そのようにして、その映画の1作目で、全世界の顧客と接点を作ることができれば、2作目、3作目をリリースした時に、1作目で反応してくれた顧客が反応してくれるようになります。そのために絶対に不可欠なのが、コンテンツの質の高さになります。

ちなみに、こうした横軸展開をする、焦点を当てるべきキャラクターは、ターゲット層ごとに決定されます。

小中学生にはこのキャラクター、特に男の子にはカーズなどのキャラクター、女の子にはプリンセスなどのキャラクターなど、性別ごとに焦点を当てるキャラクターを変えることもあります。また、20代女性にはこのキャラクター、30代女性にはこのキャラクターなど、幅広い年齢層に向けて、最も効果的なキャラクターを選定し、全部門を挙げてそのキャラクターにフォーカスするのです。プリンセスのフランチャイズローンチ時なども全部門を挙げてフォーカスしていました。また、人間のキャラクター商品は売れないので、人間がメインのアニメーションの場合、作品を作る段階で必ずかわいい動物のサブキャラクターを用意します。「アナと雪の女王」における雪だるまの「オラフ」、トナカイの「スヴェン」が良い例です。

加えて、こうした横軸戦略は、長期的な計画に基づいて立てられています。どのキャラクターをどのターゲットに対して売り込むべきか、それを5年間の長期計画に基づいて決定しているのです。これが、ディズニーのブランド戦略の根幹にある考え方なのです。

また、ディズニーのブランドが世界中で大きな影響力を持っている理由に、「子どもに悪影響を及ぼすものは一切行わない」というポリシーがあります。

子どもに悪影響のあるコンテンツを作ってしまうと、親御さんは当然それを子どもに見せないようしをます。そうなると、子どもも大人もディズニーを見ないということになってしまい、ブランド力は弱くなる一方です。

ですから、子どもに悪影響のあるものは作らないということを、ディズニーは徹底しています。例えば、お酒、タバコなどはディズニーの映画には出てきません。それだけでなく、薬自体も出てこないのです。

　風邪薬すら、ディズニーの映画には登場しません。なぜなら、子どもが家にある風邪薬を間違えて飲んでしまったら大変なことになるかもしれないからです。子どもの誤飲を防ぐという意味で、薬自体を登場させないのです。

　また、セクシャルな内容、暴力的な内容もディズニーの映画には登場しません。しかし、これは傘下のマーベルなどには適用されません。マーベル・コミックのヒーローたちは、敵を倒すために暴力を振るうのが当たり前であり、ディズニーの基準を押しつけてコンテンツがつまらなくなってしまっては元も子もないからです。

　ディズニーは、さまざまなブランドを傘下に置いていますが、そのブランドごとのカラーは重んじています。セクシャルで暴力的な内容を含むなら、傘下の別のブランドに作らせ、そのブランドの映画のポスターには「ディズニー」のロゴは一切載せないようにするのです。

　マーベル・コミックのファンには、マーベルがディズニーに買収されたことによって「ディズニー化」してしまうことを嫌がる人もいるので、マーベルの作風に関してはノータッチを貫いているのです。

そうすることによって、ディズニーのブランドイメージも、傘下のブランドイメージも、双方を守ることができます。

ブランド戦略という点で、今後期待できるのはネット配信（ストリーミング）でしょう。

ただし、ネット配信にはメリットとデメリットがあります。

まず、メリットは、いわゆるテレビシリーズ（テレビドラマ）のヒット作品を1本出すことができれば、末永く全世界でシリーズ物として視聴してもらえることです。

昔で言えば、「24－TWENTY FOUR－」や「プリズン・ブレイク」などのシリーズは長きにわたって続きました。

視聴者が一度ハマってくれたら、長く見てもらえるというのは、かなりの魅力です。売れれば売れるほど、長く続き、利益を上げ続けてくれるコンテンツになります。

ウォルト・ディズニー・カンパニーではディズニープラスというストリーミング・サービスを運営しています。加入人数は全世界で1億5000万人にもなりますが、現在は赤字で苦労しています。しかし、競合となるテレビの視聴率は格段に下がっているため、今後はストリーミング・サービスの需要が高まっていくことでしょう。

テレビシリーズと言えば、現在のディズニーを形作ったともいうべき最高経営責任者のボブ・アイガーは、実はもともとアメリカの三大ネットワークの一つ、ABCというアメリカの放送局のお天気おじさん（お天気お兄さん）でした。

テレビの気象情報を紹介する仕事に携わっていたのです。その後、ABCの中で出世して社長にまで上り詰め、その時に「ツイン・ピークス」などのテレビドラマをヒットさせたという経歴を持っています。

そのボブ・アイガーがディズニーを率いているため、今後はディズニープラスを中心にストリーミング・サービスをますます充実させていくのではないかと期待しています。

ディズニーのマネジメント

第3章でマクドナルド、本章ではディズニーという世界に冠たるグローバル企業がいかにして利益を上げ続けてきたかを見てきましたが、それらの外資系企業に共通する組織構造、マネジメントの手法とはどのようなものなのでしょうか。

私がこの数十年にわたって外資系企業で働いてきた実体験をもとに、それらを皆さんにできるだけわかりやすく説明したいと思います。

皆さんは、パレートの法則というものをご存知でしょうか。別名「2：8の法則」とも呼ばれ、ビジネスのさまざまな局面に適用できるとされる法則です。例えば、顧客全体の2割を占める優良顧客が、売上全体の8割に貢献しているというのが最もポピュラーな例だと思います。しかし、この法則は売上比率だけにとどまりません。ディズニーをはじめとする外資系企業では、その組織でトップの能力を持った人材が全体の20％くらいを占めており、その人材が80％の利益を稼いでいるのです（80％の売上を稼いでいるわけではありません）。

ところが、日本企業ではどうでしょうか。組織構造としてパレートの法則が当てはまっているといえるでしょうか。前にお話ししたように、日本企業では社員への評価が甘くなりがちです。本当は目標未達なら容赦なくC評価、D評価が付けられるべきですが、Bや、時にはA評価を付けてしまいがちなのが日本企業です。そのような生ぬるい環境でパレートの法則が当てはまるかどうかは甚だ疑問です。恐らく、利益の80％を稼ぎ出す20％のトップ人材という法則が当てはまらない状態になっているのではないかと思います。前にも述べたように、日本企業の生産性はG7で最低、OECDでも最低レベルですから、より多くの人材が働いて一定の売上を上げているわけで、その生産性の低さから見てもパレートの法則は当てはまっていないでしょう。

しかし、外資系企業では、パレートの法則に則って、どの人材が利益の80％を稼ぎ出しているのかを的確に把握し、その人たちに経済的に報い、また昇進させ、リストラの時にはその人たちをガードします。その人たちをいかに辞めさせないかを重要視しているのです。当然、その20％に含まれていない人材はいつ辞めさせられてもおかしくありません。それくらい徹底的に、優秀な人材を守り、彼らに気持ちよく働いてもらおうとするのが外資系企業なのです。日本企業にこういった徹底して合理的な人事ができるでしょうか。恐らく、すぐには無理でしょう。

また、外資系企業のＣＥＯ（最高経営責任者）の上には、日本企業のそれとは比べものにならないほど多い社外取締役がいます。

なぜ、外資系企業では、それほど多くの社外取締役を迎えるのかというと、そのほうがはるかにガバナンスが効くからです。考えてもみてください。日本企業の代表取締役や、その他の取締役の中に、1人か2人の社外取締役がまざっていても、社内取締役のほうが多いわけですから、社外取締役が会社経営について苦言を呈したところで、それが聞き入れられることはあまりないでしょう。

一方、外資系企業では、半数以上が社外取締役というのが当たり前になりつつあります。ディズニーにいたっては、ボブ・アイガーＣＥＯだけが社内取締役で、その他の取締役は9人全員が社外取締役という状況になっているほどです。社内の利害関係に囚われない社外取締役のほうがＣＥＯに対して忌憚《きたん》のない意見を述べ、純粋に経営を監視することができますから、ガバナンスが効きますし、彼らはCEOに対してゴマをする必要もないので、常に建設的な意見を交換し合うことができます。

日本企業と外資系企業の違いは、人事異動（ジョブローテーション）にも表れています。多くの日本企業では、本人の意向を聞かずに人事異動をさせることが日常茶飯事になっていると思いますが、外資系ではそんなことはあり得ません。そもそも雇用契約違反となりますし、そんなことをしたら、本人のモチベーションが下がり、ひいてはエンゲージメントが低下するからです。そして、外資系では、本人の希望がない限り、スペシャリストの育成を目指すのが当たり前ですので、一人の人材をまんべんなくいろんな部署に配属させてゼネラリストに育てるという発想がないのです。ゼネラリストを育てようとすると、転属後2〜3年ほどは知識吸収のために生産性がゼロになり、さまざまな職域に熟知したとしても、成果を出せるとは限らないからです。

最後に、ディズニー独自のコミュニケーション文化についてお話ししておきたいと思います。私がディズニーで働いて素晴らしいなと感銘を受けたのは、上司と部下が必ず2週間に1回、「1 on 1（1対1）」で1時間の面談をしていた点です。日本企業ではそもそも上司と部下が十分なコミュニケーションを取れていないことが多く、そのせいでエンゲージメントが下がっている向きもあると思います。しかし、ディズニーでは必ずやっていました。

それに加え、メンター制度があり、役員クラスが自分の職域関係なしに、さまざまな部署の優秀な後輩、部下のメンターとして指導していたのも非常に素晴らしい文化だなと思います。私もウォルト・ディズニー・ジャパンの各部門のGMやAPAC（アジア・太平洋地域）のコンシューマープロダクツのヘッドとメンターをしていました。現在、私はさまざまな企業で経営に関するアドバイスをしており、いくつかの企業でこの1on1ミーティングとメンター制度を導入してもらっています。

またディズニーでは第三者機関を使って従業員の満足度調査と部長以上の360度調査（上司、同僚、部下からのアンケート）を2年に一度実施していました。

特に10％以上の退職率（計算方法は年間社員退職者数を年度末在籍社員数で割ります）の高い会社は実施すべきです。私の経験では5％前後の退職率が一番良いと思います。低いと人材の入れ替えが起こりません。また、パワハラなど、評判のよくない上位職にも360度調査をおすすめします。

第5章

外資系のやり方で日本企業は甦る

8つの勝利の方程式

さて、これまでマクドナルドとディズニーというグローバル・マーケットで結果を出し続けている外資系企業で経験を積んだ私は日本企業が外資系企業のやり方を取り入れるための指針とすべき、8つの外資「勝利の方程式」を考案しました。

この方程式にしたがって日本企業の組織を変革すれば、必ず日本企業の生産性は上がり、やがてはグローバル・マーケットに展開していける企業が増えるはずです。

ここでは、その8つの方程式を自著『外資の流儀　生き残る会社の秘密』（講談社現代新書）の内容を引用しながら、一つひとつ説明していきたいと思います。

8つの外資「勝利の方程式」は、以下の通りです。

①Job Description & Job Size
タイトル（職位）別の職務内容と仕事の領域の確定
②Individual Performance Goal
期初前に個人目標を設定
③Performance Review
期末の成果重視による人事評価
④Performance Improvement Program
業務改善と退職勧奨
⑤Succession Plan
後継者育成計画
⑥Restructuring
外資流のリストラクチュアリング
⑦5-Year Strategic Plan
5年戦略計画

⑧ Annual Operating Plan
年間遂行計画

さて、一つずつ見ていきましょう。

1番目の「**タイトル（職位）別の職務内容と仕事の領域の確定**」についてですが、まずは外資系企業と日本企業の雇用形態の違いについて、解説しましょう（次ページ参照）。

外資系企業はジョブ型で、基本原理は「仕事に人を付ける」という考え方で作られています。採用は欠員を補充したり新規ポジションを用意したりして行われ、昇進・昇格は実績重視、降級・降格は当たり前、賃金の根拠はマーケット基準で、育成法は職務ごとの社内外の教育を受けさせます。また、部門の売上が下がると、ジョブサイズも下がるので、タイトルが下がります。つまり、徹底的にジョブ（仕事）が中心に据えられているのです。

一方、日本企業はメンバーシップ型で、基本原理は「人に仕事を付ける」という考え方で作られています。採用は新卒一括採用、昇進・昇格は勤続年数と年齢重視、降

■ジョブ型（外資）とメンバーシップ型（日系）の違い

項目	ジョブ型	メンバーシップ型
基本原理	仕事に人を付ける	人に仕事を付ける
採用	欠員補充・新規ポジション	新卒一括採用
等級	職務等級制度	職能資格
配置転換	オープンポジション 本人希望でスキルの条件を満たした人材	定期異動
昇進、昇格	実績重視	勤続年数、年齢重視
降級、降格	頻繁に行われる	ほとんどない
賃金	職務給、職務により変化	職能給、年功で上昇
賃金の根拠	マーケット基準	社内基準
育成	職務ごとの社内外の教育	年次を考慮した社内教育
人材の流動性	高い	低い
雇用保障	低い	高い
昇給	高い	低い

級・降格はめったに行われず、賃金の根拠は社内基準、育成法は年次を考慮した社内教育が行われています。つまり、人材の採用が先にあり、会社のメンバーになった人材を育て、そのメンバーに仕事を割り当てることが重視されているわけです。

さて、話を「タイトル（職位）別の職務内容と仕事の領域の確定」に戻しますが、このことについて、自著『外資の流儀　生き残る会社の秘密』（講談社現代新書）から引用します。

日本企業にも「職務記述書」がある会社は多いと思います。しかし、それをうまく活用している会社はほとんどありません。あるいは、各部署の職務記述書はあっても、部長・課長といった各タイトル（職位）ごとには存在しないというケースも少なくありません。

外資の場合、各タイトルごとのジョブディスクリプションとジョブサイズが明確に定められています。マネジャーであれば売り上げは30億円、その上のシニアマネジャー（課長）であれば50億円、その上のダイレクター（部長）であれば100億円といった具合に明確です。したがって、会社全体の売り上げが増えない限り、タイトルやポジションが増えることはありません。

ジョブディスクリプションとジョブサイズが明確であれば、それを達成できなかった人はそのポジションから脱落していきます。代わって、別の有能な人が上がっていきます。有能な人ほどジョブディスクリプションとジョブサイズが増大し、それに伴ってますます収入も増えていくという仕組みです。まさに「働きに応じた収入《ペイ・フォー・パフォーマンス》」なのです。

具体的な内容は図のようになります（次ページ参照）。前掲書では続けて、

日本型組織はタテ型です。非常にレイヤーが多く、同期が同じような時期に昇格していくため、ポジションが山ほどあります。この組織形態のデメリットは、上に上がれば上がるほど、会議への出席や決裁をするだけで、現場の状況に疎《うと》くなってしまうという点です。

完全にヒエラルキーになっているため、決裁のアクションも遅くなります。この図でも6段階もありますが、部長と課長の間に副部長がいたり、部長代理や係

■日本とアメリカの組織形態の違い

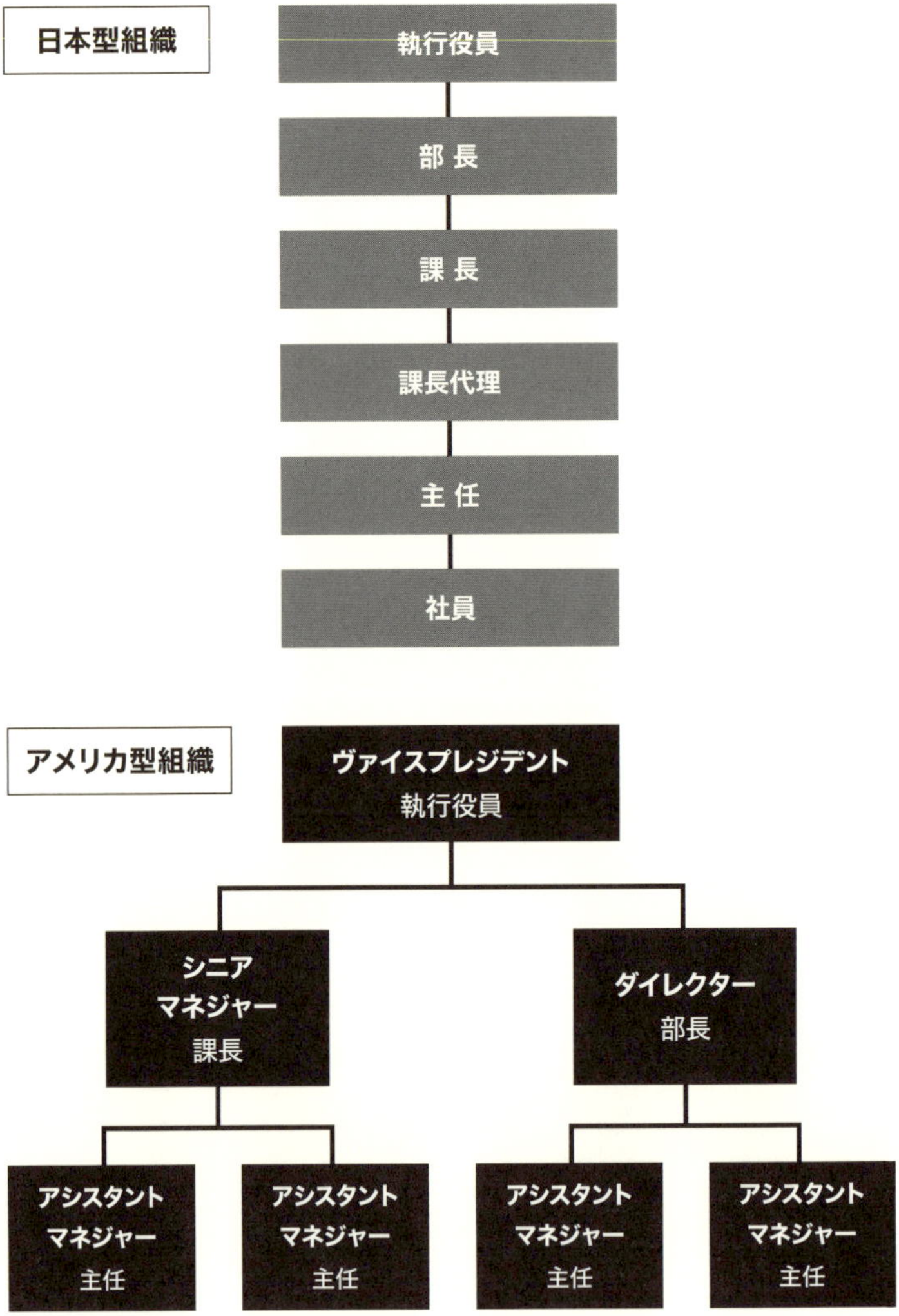

長など、会社によってはさらにレイヤーが増えるところもあります。
また、会社によっては、業績が伸びていないにもかかわらず、ポジションだけ増やしていくところもあります。人とポジションが多すぎるなか、人件費の予算が決まっているから1人当たりの年俸が低くなってしまうのです。自明の理です。

一方、米国型組織はレイヤーが日本の半分程度とシンプルです。
ヴァイスプレジデント（執行役員）がダイレクター（部長）とシニアマネジャー（課長）を束ね、ダイレクターとシニアマネジャーがそれぞれアシスタントマネジャー（主任）を統轄する。それだけです。しかも、アシスタントマネジャーの数はかなりの数に上ります。

ダイレクターとシニアマネジャーには、アシスタントマネジャーが付いて実態の伴うプレイングマネジャーになります。先ほど日本企業のケースで述べた、マネジャー機能を持たないプレイングマネジャーとは根本的に異なります。

そして、会社によっても違いますが、一般的にダイレクターは売り上げ100億円、シニアマネジャーは売り上げ50億円程度のジョブサイズがあります。会議出席や決裁だけの存在ではなく、自らジョブサイズを負っているので、外資のダイレクターと日本企業の部長を比べると、明らかに外資のダイレクターのほうが厳しい仕事をしています。だからこそ、通常の日本企業の部長の倍以上の給料を取っているのです。

日本企業は、まずはジョブサイズをクリアにすること、そのうえで組織はなるべく平坦にすべきだと思います。ここまでレイヤーが多いのは、日本企業だけだと思います。

と述べています。また、「ジョブサイズ」について前掲書では、

外資の場合は、部長クラス、その下のシニアマネジャークラスまで、サクセッションプラン（後継者育成計画）があります。ある人が部長になるには、第一段階として「ジョブディスクリプション（職務記述書）」と「ジョブサイズ（売り上げなど職務の規模）」をクリアすることが大前提になります。

一例をあげると、部長クラスであれば「売り上げを最低100億円達成しなければならない」、シニアマネジャークラスは「売り上げを最低50億円達成しなければ

ばならない」とされるなど、そのポジションによって定められたジョブサイズをクリアしなければ絶対に昇格できないようになっています。

「総合的に判断して昇格をさせる」

日本企業にありがちなこういった理屈は、外資では通用しません。こうした曖昧な根拠で昇格させるから、責任を持たない中間管理職ばかりが増えるのです。これは双方にとって不幸なことだと思います。

ウォルト・ディズニー・ジャパンにいたとき、ある積極的なシニアマネジャーが私の部屋に来てこう尋ねてきました。

「中澤さん、部長になるにはどうしたらいいですか?」

簡単です。当時のウォルト・ディズニー・ジャパンでは、部長のジョブサイズ(ロイヤルティ収入)をある金額に設定していました。

「○○億円売り上げを立てなさい。達成できたら部長にするよ」

これだけです。わかりやすい。わかりやすい目標であり、ほかに水面下にある見えない条件がないので、ひたすら頑張ることができるのです。

と述べています。

2番目の「**期初前に個人目標を設定**」について、前掲書では、

ここでは、かつて私が実際に使っていたBSC（バランス・スコアア・カード）についてお話するのがよいかと思います。これは人事評価を数値化・可視化するための工夫です。このBSCこそ、「期初前に個人目標を設定」という方程式を如実に表しているからです。

人事評価には「定性」評価と「定量」評価があります。わかりやすく言えば、定性は「リーダーシップ」や「意欲」など数値化のしにくい要素、定量は売上高や利益など数値化しやすい要素です。私は、真に公正な人事評価のためには、定性による評価の割合をできるだけ減らし、定量による割合を重視すべきだと考えています。実際、BSCでも「定性」より「定量」を重視するような形で評価基準としていました。

このように主張すると「人事や経理のようなバックオフィスは定量評価できないじゃないか」という反論が返ってくることが多いのですが、たとえば人事なら

退職率、経理ならば期末前の売り上げ予測が正確だったか、などといった具合に工夫次第ではバックオフィスも定量評価が可能なのです。

と述べています。BSCについての具体的な内容は図のようになります（次ページ参照）。前掲書では続けて、

図の縦軸には「顧客満足」「人材育成」「セールス」「利益」という4項目が表示されています。代表的な項目として、顧客満足には「QSC（クオリティ・サービス・クリンリネス）チェック」、人材育成には「アルバイト離職率」と「アルバイトから責任者への昇格人数」が表示されています。セールスには「売上予算対比」、利益には「利益予算対比」が掲げられています。これらの項目のうち、顧客満足と人材育成は「定性」評価であり、セールスと利益が「定量」評価になります。比率は定性評価が40％、定量評価が60％となっていて、定量のウェイトを高くしています。職位が上がれば定量のウェイトはさらに上がります。

一方、横軸にはそれぞれの指標の評価が表示されています。達成度によってS・

■BSC（バランス・スコアカード）

	目標	配分	D	C	B	A	S
顧客満足		20%	1	2	3	4	5
QSC チェック	93点	20%	88 未満	89-92	93-94	95-97	98 以上
人材育成		20%					
アルバイト 離職率	85%	10%	101 以上	100-91	90-85	84-80	79 未満
責任者 在籍人数	2/2	10%	2/0 未満	2/1 未満	2/2未満	3/3未満	3/4 以上
セールス		25%					
売上前年 対比	前年 103%	10%	85 未満	95-102	103-104	105-106	107 以上
売上予算 対比	予算	15%	85 未満	86-94	95-100	101-105	106 以上
利益		35%					
前年対比	前年 103%	15%	89 未満	93-90	100-94	105-101	106 以上
予算対比	予算	20%	90 未満	91-99	100-103	104-107	108 以上

A・B・C・Dの5段階で評価され、Sが5ポイント、Dが1ポイントとなります。それぞれの項目には「目標」数値が決まっていて、目標数値を達成することで得られる評価がB評価です。それを超えればA評価、S評価と上がり、割り込めばC評価、D評価と下がる仕組みです。また、それぞれの項目には全体に占める配分も決まっています。図を見ておわかりのように、定性的指標よりも定量的指標の配分が高くなっています。

たとえば、すべての項目でA評価（4ポイント）だったとしましょう。この場合、顧客満足と人材育成は4（ポイント）×0・2（配分）で0・8ポイントとなりますが、セールスは4×0・25で1ポイント、利益は4×0・35で1・4ポイントとなります。つまり、定性よりも定量で高い評価を得たほうが、全体としての評価が高くなるように設定されているわけです。定量的指標が高い人のほうが高く評価される。これが定量重視による個人目標の具体例です。

さらに、数値化しにくい定性評価でさえも、数値化して「見える化」することで明確な評価がされるような仕組みになっています。数値化、可視化で自分の評価がわかるために、評価する側と評価される側に「ズレ」が起こりにくく、公平な評価になるというメリットもあります。また、このような、数値化・可視化できる評価形式にしますと、従業員個人が期初の前に自分の「個人目標」を立てやすくなるわけです。形は会社によって異なりますが、定量重視の目標設定は外資の基本です。

と述べています。なお、QSCは正しくは「クオリティ・サービス・クレンリネス」です。

そして、3番目の「**期末の成果重視による人事評価**」の徹底です。これについて前掲書では、

これも日本企業にはよくあるケースなのですが、最初にこれを知ったとき、心の底から驚いたことがあります。

それは、日本企業の人事評価です。業績が下がっていたにもかかわらず、5段階で上位2つの評価を受けた社員が全体の50％を超えていたところもありました。

外資では、そのようなことはあり得ません。まずは②でお話しした個人の目標数値をしっかりと管理したうえで、完全成果主義にしてハイリスク・ハイリターンを追求します。この②と③の二つの方程式を上手に使うと、やる気のある社員、能力のある社員は伸び、会社の業績も上がります。

と述べています。この文章における②とは2番目の「期初前に個人目標を設定」、③とは3番目の「期末の成果重視による人事評価」の徹底を指します。また、日本企業の人事評価の問題として会計年度が終わらないと人事評価を実施しないことが挙げられます。期が終わらないと売上と利益が確定しないからでしょうが、外資系企業ではフォーキャスト（予測）を使って期末の売上と利益を予測し、それをベースに人事評価をしています。さらに、同時に期末までに翌年の会社の目標を落とし込み、個人目標も作成しています。会計年度が終わらないと人事評価ができない、個人の来期目標を作成できないというのはただの甘えなのです（204ページ参照）。

さて、ここで適切な評価のウェイトの一例を挙げてみましょう。

S評価―5％

A評価――15％
B評価――60％
C評価――15％
D評価――5％

以上が適切なウェイトの割合です。さらに前掲書では続けて、

業績が良ければ、SとAの評価の割合を上げます。

すでにお話ししたとおり、B評価は、個人の目標達成が前提です。どんなに能力があっても（能力があるのであれば、どんな状況でも目標は達成できると思いますが）、目標を達成していなければB評価はつきません。

目標を達成していないC評価とD評価の人はボーナスはゼロです。ボーナスは完全にインセンティブなので、目標を達成できなければゼロなのは当然です。ボーナスの原資は決まっているので、目標を達成できなかった社員のボーナスを、評価の高いS評価やA評価の人に付け替えることになります。

そういうシステムにすると、能力が高い人のモチベーションが上がり、さらに

成果を上げようと懸命に努力するようになります。その動きが、会社の業績を急激に引き上げていくのです。

ある外資では、部長クラスで高い成果を上げている人であれば、1回のボーナスで年俸の50%ぐらいもらっている人もいました。仮に2000万円のベース給であれば、1回で1000万円、つまりトータルの年収は3000万円になります。なかなか日本企業ではあり得ないと思います。

日本企業は、ボーナスを年俸の一部としているケースが多いと思います。その典型的な事例が、社員が住宅ローンをボーナス返済にしている人が多いという事実です。外資の成果主義の世界では、ボーナスは将来にわたって確定できるものではありません。日本企業のようにボーナス返済を組み込んでいた社員がいたので、私はすぐにやめるようアドバイスしました。最悪の場合ゼロもあるので、返済が滞ってしまうからです。むしろ、ボーナスが出たときに繰り上げ返済をするか、住宅ローン返済用の口座にストックしておく方法にしたほうが、万が一の事態をうまく乗り切ることができるはずです。

日本企業の場合であれば、部長以上でもいいと思います。シビアな成果を求められるポジションに就いた人は、100％定量評価にして、成果に連動する報酬体系でいいと思います。

また、前掲書では続けて、

そもそも日本企業は、何を基準に評価しているかが不透明です。それを明確、明快にするのが成果主義です。人事評価は、会社のマネジメントの最重要項目です。それを曖昧にしておく日本企業が、このままの形で生き残っていけるとは思えません。

私の場合、いつも、人事評価については部長職以上を集めて必ず評価会議を行います。一般社員は別ですが、アシスタントマネジャー以上の評価の公平性と透明性の担保が目的です。参加する部長職の人事評価能力を上げるためでもあります。

個人目標と職務記述書が明確になっていれば、個人が毎日どのような仕事をしているか、上司がいちいちチェックする必要はありません。日本企業によくある日報などというものは不要です。

と述べています。個人目標が明確になっていれば、朝礼なども必要ありません。なぜなら、個人としてもチームとしてもするべきことが明確だからです。しかし、本社と現場では朝礼の役割が少し違います。現場では、モチベーション維持や意識統一のため、朝礼が必要になることもあるのです。ディズニーストアの店舗でも「本日から○○のプロモーションが始まるので、しっかりおすすめ売りをしましょう」などと朝礼でキャストに伝えていました。また、この人事評価において大事な点は、必ず被評価者に自己評価を先にさせることです。この自己評価と実際の評価のギャップがあれば、評価者が詳しく説明する必要があるからです。この評価のフィードバックが日本企業では行われないことが多いです。友人から聞いて驚きましたが、日本の大企業でも2000年代までは人事評価のフィードバックが本人になかったそうです。

このような人事評価を行うことで、S・A評価の社員はモチベーションが上がり、B評価の社員はA評価をもらいたいがために頑張ります。そして、C・D評価を受けた業績の良くない社員は、ボーナスがもらえないからと自然と退職していくのです。

4番目の「**業務改善と退職勧奨**」について、前掲書では、

ある社員の評価が2年連続でD評価になると、退職勧奨が行われます。外資では、退職勧奨をPIP（業績改善計画＝Performance Improvement Program）というシステムで実施します。

半期目標を具体的にして、その達成度を本人と上司と人事部の3者で確認し、明確にします。よく揉めるのは、悪い評価を急に告げられるケースです。突然「きみはダメだから辞めてくれ」と言われて、納得する人はさすがにいません。

そこで、1年ぐらい前から警告する必要があります。もちろん、業務改善がうまくいって、本人に成果が出て、本人と会社の双方がWin-Winとなるのがベストな形です。しかしながら、最終期限までに目標未達となった場合には、数字で論理的に説明します。そのうえで、未達の場合には二つの選択肢を提示することになります。

一つは、タイトルダウン（降格）です。理由を明確に伝え、たとえば部長からシニアマネジャーに降格させ、年収も部長の年収からシニアマネジャーの年収に下

げるといったやり方です。

もう一つが、退職勧奨です。退職金規定では、自己都合より会社都合のほうが退職金は高くなります。この場合、会社都合の退職金を支給することに加え、プラスアルファの割増退職金をパッケージで提供することを約束します。

二つの選択肢を示されたとき、外資の場合は大半の人が退職を選択します。タイトルダウンを受け入れても、その先に挽回《ばんかい》できる能力があるかどうかは本人がいちばんよく知っています。見込みがなければ、金額の大きい「退職」を選択して新しい職場を求めるほうが、自分にとってはメリットが高いことを合理的に理解するからです。こうした論理的なプロセスを踏むからこそ、納得感のある話し合いができるわけです。

このように書くと、やはり「冷たい」「非情だ」という一部読者の方のお叱りの声が聞こえてきそうです。その会社ではなかなか活躍の機会がない、モチベーションがわかない、という人を対象に「このままこの会社で厳しい状態に置かれ続けるよりも、他社で別の可能性を試していただくほうがいい」という話し合いを行い、そして会社としてお金という礼を尽くして辞めてもらう——それはとても辛い作業です。でも、そこから逃げている経営者は、結局、従業員に対して責任を果たしていないということだと思います。

かく言う私も、過去に直接の部下に退職を勧奨をした経験があります。そのときはヘッドハンターを紹介するなど、自分にできるかぎりのサポートを行いました。別の仕事先を探して逆に感謝されたこともあります。そこはやはり人と人の問題ですから、単なる生産性という名目だけで切り捨てるべきではありません（ちなみにその方とは現在も毎年年賀状のやり取りをしています）。

ただし、部下の駄目なところを放置して甘やかすのは、マネジメントの責任者として正しい態度ではありません。なれ合いで仕事をするのではなく、言わなければいけないことは言う、「駄目なところは駄目」と、本人に暖かくフィードバックする、それで改善されればそれでよし、それでも駄目な場合には当人の性格や、やりたいことを考慮しながら、新天地を探すサポートを行います。

実際、外資では、退職勧奨をする社員の再就職支援を手厚く行います。もちろん、その人の能力と受け入れる会社の人材の必要性のバランスによるので、再就職支援が必ず次の転職先の決定に寄与するかどうかはわかりません。

ただ、外資ではよほど働く意欲のない人や能力的に問題がある人を除けば、それほど苦労したという話は聞きません。日本企業の人材の流動化が進んでいけば、さらに選択肢が増えて再就職は容易にできるようになると思います。仮に大企業に入れなかったとしても、中堅・中小企業に受け入れてもらえる可能性は十分にあります。

モチベーションの低い人が同じ会社に居続けても、会社としてその人を生かす道はありません。だとしたら、できるだけ早いうちにその人を外に出し、その人の能力と適性に合った業種や規模の会社に転職したほうが、長い目で見ればその人のためでもある。少なくとも外資ではそのように考えるのです。1軍のチームでベンチウォーマーとして居続けるよりも、2軍のチームでバリバリとプレーができるなら、そのほうが人生は楽しいはずですし、そこでまた1軍に復帰というケースもあるのですから。

退職勧奨を躊躇《ちゅうちょ》し、いたずらに判断を遅らせていたら、その人はすぐに40歳、50歳になってしまいます。その年代でも能力が高ければ引く手あまたですが、能力がなければ受け入れ先の選択肢は非常に狭くなってしまいます。

門戸が開かれているうちに、生きる場所を変える。そうした外資の発想は、活躍する場が限定される日本企業よりかえって人間的なのかもしれません。

外資の退職勧奨は、レイオフと違い解雇ではありません。人事部は会社に残る道を提示しながら、退職したほうが貴方（本人）のためだという説得の仕方をします。日本企業の場合は人事部長に退職勧奨の権限を渡していないため、自己都合の退職金しか提示できません。金銭的なメリットがなければ辞める人はいません。

日本企業にも、割増退職金を出して「早期退職」を募集する会社があります。いわゆる早期退職制度です。しかし、その場合は優秀な人が利用して転職するケースが多くなります。業績悪化に伴って人件費を削るときに、肝心の業績を上げてくれる社員を失ってしまうのです。これを「募集」ではなく「勧奨」に変えていくための新たなシステムを構築する必要があると思います。

こうしたことは、日本企業の人事管掌役員や人事部長にはできないスキルなのでしょうか。絶対にそのようなことはありません。日本企業の人事でも、外資と同じようにできるはずです。日本企業の人事は「できない」のではなく「やらない」のです。

「だって、訴訟リスクがあるじゃないですか」

皆さん、必ずそう言います。

日本の労働基準法に抵触するリスクはもちろんあります。でも本人が納得すれば、問題にはなりません。むしろ、結果的に生産性がゼロに近い社員を大量に抱えこんだあげく、会社の業績が悪化するリスクのほうがずっと深刻なのではないでしょうか。

そういった社員の方々を合理的に減らすことができれば、年間で億単位の人件費が浮きます。それによって収益が改善すれば株価は上がります。さらに、上がった株価を原資として有能な人材を集めることも可能です。そうすれば、さらに収益が上昇することになり、株価の上昇から人材確保への正の循環に入っていけるのです。

と述べています。欧米企業の日本支社は３０００社あり、これは東証プライムとスタンダードの上場企業とほぼ同数です。欧米企業の日本支社ではＰＩＰを行っており、必ずパッケージ（割増退職金）を出します。そのため、日本企業のようにマスコミ沙汰になることはありません。

５番目の「**後継者育成計画**」は、日本企業に欠けていると私が痛感している部分です。外資系企業では、ボードメンバーによる指名委員会が、次期社長のみならず、取締役、執行役員、部長クラスのサクセッションプラン（後継者育成計画）を立てて実行するのです。一方、日本企業の場合、その場その場で玉突き人事を行っているだけで、次世代の人材をあらかじめ育成するという考えが欠けています。数ある社員の中から適切な社員を選べばいい、という場当たり的な選抜法が当たり前になっています。

外資系における後継者を選ぶ基準は、図（次ページ参照）のように右上にいる「パフォーマンス」が高く、「リーダーシップ」もある人が優先的に昇進することになります。ただし、サクセッサーに指名されるような有能な社員は、当然ながら転職してしまうリスクも高くなります。そういう人を引き留めておくのも会社の役割です。

私の経験上、全体の利益の80％を上位20％が稼ぎ出します。これが、いわゆる「パレートの法則」です。そのため、上位20％に該当する有能な社員を引き留め、彼らを

■サクセッサーの選び方

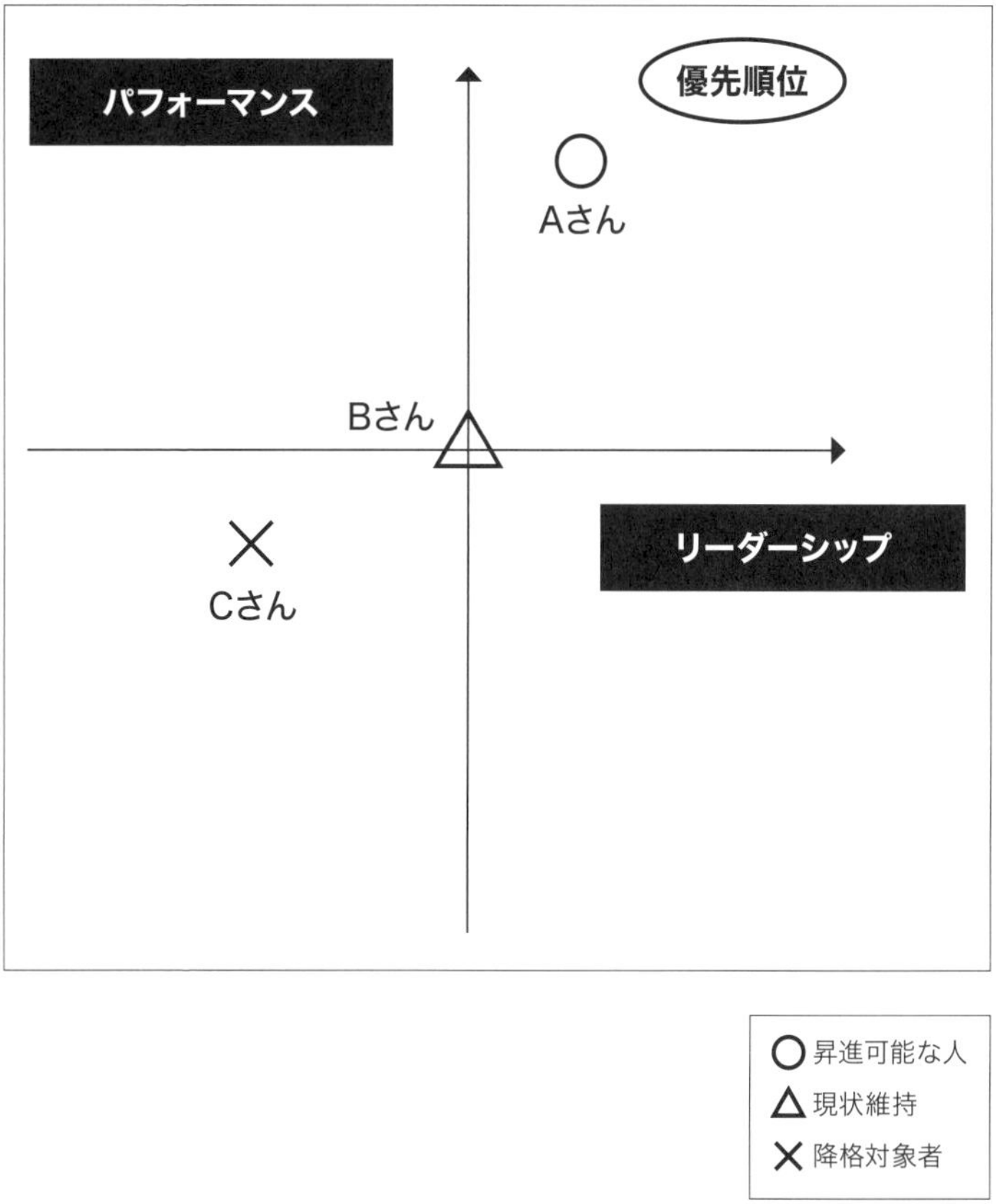

サクセッサーとして育成する必要があります。その際、できれば社外取締役とともにサクセッションプランを策定すると、なおいいでしょう。内部事情のメカニズムで後継者が選ばれてしまう確率を減らし、本当にその会社の未来のためになる人材を選定できる確率が高くなるからです。

6番目の「**外資流のリストラクチュアリング**」について説明しましょう。これについて前掲書では、

外資系企業では、年間の利益額を株主にコミットしています。株主は予想される配当がもらえれば文句はないので、売り上げがふるわなくても利益が確保できればそれでいいと考えます。そのため、第1四半期が終わって売り上げの予算が未達だった場合、社長は必死に利益を確保しようと手を打ちます。

具体的に行う手立ては次の三つです。

一つ目。予算の範囲内で雇う予定にしていた人材の採用をすべて凍結します。
ある会社の現在の予算上で必要な社員が500人だったとします。期初はその

人数を満たしていても、期中でポロポロと辞めていきます。その時点で480人しかいなくなっていたとしたら、辞めた20人分の採用を予定します。

しかし、採用する前に業績が悪化したとしたら、即座にその採用を中止します。これをハイヤリング・フリーズ（Hiring freeze）といい、まず最初に手をつける部分です。

二つ目。出張も禁止にします。それがトラベル&エンターテインメントエクスペンス（出張費・交際費）の削減です。

私がアメリカのマクドナルドにいた1986年は、業績がよくありませんでした。グローバルな会社なので海外出張が多いのですが、そのときは海外出張はすべてストップされました。

アメリカ国内の出張も、いつものように簡単には行けません。どんなに近くでも、いちいちCFO（最高財務責任者）の許可を得なければならなくなりました。当時はテレビ電話が少しずつ普及し始めていたので、電話で仕事をしているような毎日でした。

もちろん、接待のための交際費も原則としてすべて禁止です。

三つ目。それでも利益が確保できなければ、合法的にレイオフを行います。よくアメリカ企業がレイオフしたというニュースを耳にすると思いますが、ヘッドカウントリダクション、すなわち人員を減らしてコストを削減し、生産性を上げようとします。

と述べています。なお、レイオフとリストラはどちらも解雇という意味です。インターネットで検索すると「レイオフは再雇用を前提にした一時解雇」と誤って解説されているものが多いのですが、再雇用はありません。前掲書ではさらに続けて、

売り上げが下がって利益が減っているときにしなければならないのは、売り上げの拡大とコストの削減です。したがって、リストラをするときには直接営業に関わるところには、あまり手はつけません。

真っ先に手をつけるのは、サポートファンクションです。ファイナンスやリーガル、エンジニアなど、残った人で辞めた人がやっていた仕事をシェアできるような部門の従業員にレイオフの手がつけられます。

アメリカのマクドナルドにいた当時、たまたまオペレーションの開発がらみで米国内で出張をしていて、あるエンジニアも同行していました。無事出張を終え、家に帰ったら一緒に行ったそのエンジニアから電話が入ったのです。

「リストラでクビになった……」

彼は、会社に行って自分の荷物をまとめて段ボールに入れ、会社を出て行きました。それで終わりです。

会社は、生産性が低い部門、売り上げ実績の悪い部署を閉めたりもします。これをポジションリダクションといい、非効率的な事業部を閉鎖することで、そこに所属する人員を減らすことが合法的にできるのです。

と述べています。

7番目の「**5年戦略計画**」について見ていきましょう。多くの日本企業でも中長期的な計画を立てていると思いますが、そのほとんどは「3年分」であることが多いようです。しかし、外資系企業では、中長期計画は「5年分」がスタンダードです。

おまけに、日本企業の中長期計画は「単発的」である場合も多いようです。何らか

■年間カレンダーの一例（3月決算のケース）

（月）	9	10	11	12	1	2	3
	■5年分の戦略計画 ←→						
					●（次年度）年間遂行計画 ←→		
						◆2～3月の売上・利益予測（フォーキャストを出し人事評価に使用） ←→	
						◆当期人事評価 ←→	
							➢翌年の個人目標 ➢完成 ←→

◆当期人事評価は、2～3月の売上を予測し実施

のプロジェクトがあり、それを3年単位で計画して実行し、その3年間が終わったら次の中長期計画を立てることはないというイメージです。

ところが、外資系企業では、継続的に5年間の中長期計画を立て続けます。それだけでなく、5年間の最初の1年間が終わったら、その時点での結果を受けてゼロベースで計画そのものを見直す「ローリング」という作業を行います（前ページ参照）。

ローリングは、まず、従来の事業による成長を意味するオーガニック・グロース以外の新規事業やM&Aなどを含めたマクロな戦略を立てることから始めます。その上で具体的な、定量化できる売上目標を立てます。

続いて、5年間の売上の平均伸び率（Compound Annual Growth Rate：CAGRと言います）を決定するのですが、外資系企業ではほとんどの場合で10%以上に設定されます。

そして、この売上の平均伸び率の通りに進んだ場合、5年後に上がっているはずの売上を想定したら、現在の状況から5年後にその売上を達成できるようにするにはどうしたらいいのかを考え、戦略を立てていきます。外資系企業では、この5年計画を継続的に立て、実行していくのが当たり前なのです。

長期的な戦略計画を立てたら、それを遂行するために8番目の「**年間遂行計画**」が必要になります。これは、5年戦略計画の1年目を期初に掲げたものになります。長期的な戦略計画は、それを遂行する年間遂行計画とセットになっていることで意味を持ちます。また、この年間遂行計画は、従来の事業以外に、新規事業やM&Aなどについても盛り込まれたものにするのが普通です。

この戦略計画における5年後の数値が会社のビジョンになるのです。このビジョンを持たない日本企業は多く、そのため、会社の長期的なビジョンがわからない社員のエンゲージメントが低くなるのは当然と言えるかもしれません。日本マクドナルドの藤田田氏は「3年で100店舗、5年で1000億、日本で最高の給与水準にする」などのビジョンをしばしば語っていました。また、藤田氏へのリスペクトを公言されているユニクロの柳井正氏も「3兆円の次は10兆円」と口にしています。このようにビジョンが明確であれば、モチベーションもエンゲージメントも高くなるでしょう。

廃止したい日本流経営

前項では、日本企業が外資系企業のような国際競争力を手に入れるための8つの「勝利の方程式」を、いわば日本企業が「導入するべきこと」を紹介しました。

しかし、導入するべきことを、ただ導入しただけでは改革は上手くいきません。現在ある悪しき慣習や組織風土を廃止しなければ、新しいやり方を導入しただけでは意味がないからです。古いやり方と新しいやり方が混在している状態にしてしまっては、惰性で古きに流れてしまう人も多いはずです。特に変化とそれによる痛みを好まない日本人ならなおさらです。

したがって、新しいやり方を導入するならば、古いやり方を廃止しなければなりません。それでは、何を廃止するべきなのか。

私が考える、今すぐ廃止すべき日本流の経営手法、組織形態は以下の6つです。

①新卒一括採用
②春・秋の定期人事異動
③年功序列
④定年制（役職定年）と終身雇用
⑤人事評価の悪い社員を在籍させ続ける／レイオフにおける希望退職
⑥業績未達の場合でも社長が株主総会で「ごめんなさい」で済ます文化

一つひとつ見ていきましょう。

まず、**「新卒一括採用」**ですが、日本企業における社員のエンゲージメントの低さはこれから挙げる多くの人事施策がそもそもの問題だと思います。

新卒一括採用の問題については第1章でも触れていますが、非常に効率が悪い方法と言えます。それは企業が一から新入社員を育てる必要があるからです。一方、外資系企業では大学2年生からインターンとして働いてもらい、入社時には「即戦力」となっています。日本企業でも伸びている企業はこのようなインターン制度を設けているようですが、ただインターンを導入すればよいというわけではありません。『日本

経済新聞』は2024年8月20日付の記事にてインターンの実施の問題点について、

企業がインターンの実施など採用活動の開始を早める問題点を、リクルートワークス研究所の中村星斗研究員は「学びの時間が侵食される」と指摘する。学業に集中できないことは、学生の不利益にとどまらない。早稲田大学の田中愛治総長は「学生がしっかり学ばないまま社会に出ると、(企業の)国際競争力は落ちるのではないか」と危惧する。

卒業までに大半の学生が就職先を決める日本の新卒一括採用は、主要国と比べると特異な制度だ。

海外では就職先が決まらないまま卒業するケースも多い。職に就くルートは多様だ。例えば卒業後にインターンとして雇われ、長期間の働きぶりが認められれば正式に入社する。新卒者が中途採用者と同じ入社試験を受けることもある。

と、日本と海外の採用の違いを含め述べています。日本と海外の採用の違いは、次ページの図を見るとわかりやすいと思います。

■日本と欧米の就活の違い

日本		欧米
失業率は4%前後。職に就けない人は少なく、比較的社会は安定する傾向にある	若年失業率（15～24歳）	アメリカの失業率は8%前後。若者の貧困につながる可能性もある
学部3～4年在学時	採用時期	卒業後も通年採用があるなど時期は多様
欧米ほど重視されない	学歴	重視され、特に専攻分野における成績が問われる
実力よりもポテンシャルで評価される	選考で重視される点	インターンシップでの働きぶりも評価される

『日本経済新聞』2024年8月20日付の記事を参照して作成

新卒一括採用のもう一つの弊害が「社員数が多くなる」ということです。日本企業はアメリカ企業の従業員数に比べて、だいたい20～30％程度、従業員の絶対数が多くなっているのです。

新卒一括採用にはメリットが乏しいので、即刻廃止してほしいものです。

次に廃止すべきなのは、**「春・秋の定期人事異動」**です。これについて自著『外資の流儀　生き残る会社の秘密』（講談社現代新書）では、

「人事異動」も日本企業特有の、かなり特殊なシステムです。

外資の場合、本人の意向を聞かずにジョブローテーションをすることはありません。日本企業のように、会社が「君はここに行け」と命令することは絶対にありません。

と述べています。外資では採用時の雇用契約書に勤務地、勤務部署、タイトル、ジョブディスクリプション、ベース給などが明記されています。一方、日本では労働基準法に雇用契約書の作成義務が定められておらず、外資のような雇用契約書をもらえる

ことはほとんどありません。また、前掲書では続けて、

　また、日本企業では営業から人事に異動したり、営業からマーケティングに異動したり、入社してから10年ぐらいで各部署をローテーションで回ってゼネラリストを目指す傾向があります。しかし、外資にその発想はありません。

　なぜなら、まったく経験のない部署に行けば、ある一定期間は生産性がゼロになってしまうからです。そこで勉強し、戦力として成果を出すまでの1年から2年がもったいないと考えるのです。外資は、あくまでもスペシャリストの育成を目指します。

　ディズニーの部門間の異動でも、たとえばファイナンスを専門とする人が映画部門からTVチャンネル部門へディビジョンを異動することはありますが、映画部門のファイナンスからTVチャンネル部門のセールスに異動することはありません。

と述べています。本人の意に反する異動は生産性の点でも、社員のモチベーション

低下やエンゲージメントの低下という点でも廃止すべきだと思います。

また、「**年功序列**」も廃止すべきだと思います。こちらも第1章で触れていますが、前掲書では、

日本企業の年功序列は、たしかに以前ほどの厳格さはありません。それでも外資と比較すると、年功序列であることに変わりはありません。

その大きな問題は、同期が同じタイトル（職位）にほぼ一斉に昇格する点にあります。多少時期がずれるといっても、半年から数年の範囲に収まります。そのせいで、中間管理職が非常に多くなってしまう。あるいは、課長に昇格しても部下を持つことができず、いわゆる担当部長やプレイングマネジャーなどという肩書だけ与えられて管理職の職責を担うことができない社員が続出することになります。

と述べています。また、前掲書では続けて、

年功序列に関わる、手当の問題もあります。

日本企業では、役職手当の差がほとんどありません。課長から部長に昇格しても、驚くような金額で年俸が上がるわけではありません。外資には役職手当はありませんが、タイトルがアップすれば最低でも10％年俸は上がります。大きな差をつけなければ、昇格へのモチベーションになりません。

日本には日本特有の「家族手当」「住宅手当」などを支給している会社もいまだにあります。極端な話、同じタイトルであっても、手当がつく分、既婚・子持ち社員のほうが独身社員より給料が高いというのは変な話です。会社における仕事の成果に、家庭環境は関係ありません。

既婚・子持ち社員のほうが有能であれば問題は表面化しません。しかし独身社員のほうが有能なのに、独身社員のほうが給料が低いときに、独身社員のモチベーションを奪ってしまう可能性があります。給料は純粋に仕事の成果だけを評価し、それ以外の曖昧な要素で給料や手当を支給する仕組みは変えていったほうがいいと思います。

同様の理由から、日本独特の「残業手当」にも違和感を覚えます。たとえば日本では、主任や係長から課長になると残業代がつかなくなり、昇進したにもかかわらず年収が下がったりするケースが間々あります。有能で、一生懸命頑張ったから昇進したのですから、むしろ両者の間には給与面で大きな差がつくべきなのに、あまりにも理不尽な話だと私は思います。

と述べています。このような手当ても優秀な社員から見れば、モチベーションの低下やエンゲージメントの低下につながるでしょう。

次に廃止すべきなのが、「**定年制**（**役職定年**）**と終身雇用**」です。このことについて前掲書では、

　終身雇用は、定年まで雇用が保証されるシステムです。日本企業は基本的にこのシステムを採用しています。

　これに対し、基本的に外資には定年という概念はありません。結果を出している人はいつまでも会社にいられますし、結果を出せない人は年齢にかかわらず、その会社にいられなくなるからです。年齢は関係ありません。

日本企業のように年齢で退職時期を区切る発想は、その人の能力とは無関係に会社に残るか残らないかを判断するシステムです。生産性の低い人材がいつまでも会社に残るという考え方は、外資にはないのです。

日本企業には、50歳や55歳ぐらいで「役職定年」となる会社もあります。これはある年齢に達した人が、ラインの役職から外れることを意味します（アメリカではその前に退職を勧奨されたりしますので、こうした考え方自体が存在しません）。

これは能力のある若手に管理職を譲るという意味では、組織が活性化するメリットにつながる仕組みです。しかし、役職定年後の5年から10年の間、年齢も高く経験も豊富な人が組織の末端として仕事をするような状況に我慢ができるのでしょうか。多くのケースでやる気を失い、仕事をしない生産性ゼロの社員を数多く生み出す結果となっています。

と述べています。日本企業のように一律定年で退職させたり、減給させたりするのではなく、外資のように優秀な社員は年齢に関係なく、引き続き高給で雇用すべきだと思います。そのためには、まず履歴書の内容を変えていくべきでしょう。アメリカでは履歴書に写真や性別、生年月日、結婚の有無の記載は不要です。採用担当者は学歴と成績や前の会社での実績、熱意、人柄、能力を判断して、雇用を決めるからです。日本もそのように変わっていけば、年齢が重視されなくなっていくでしょう。また、前掲書では続けて、

日本の企業には「窓際社員」と呼ばれる社員がいます。たいてい年齢が上の人たちです。しかし、私から言わせれば、こうした方々を生み出してしまう最大の理由は、現行の日本企業や日本の雇用環境そのものです。彼らの多くは、もっと若いうちに転職をして新しい自分の可能性を試してみたかったかもしれません。でも、日本の雇用環境は転職が容易な形にはなっておりません。そして、多くの日本の会社は（少なくともこれまでは）そのまま彼らを自社にずっと縛り付けておくのが当然と考え、転職などのサポートも疎《おろそ》かにしていました。言葉は悪いですが〝飼い殺し〟同然の状態に置き続けてきたのではないでしょうか。

私もこれまで「窓際」と目される方々をいろいろ見てきましたが、モチベーショ

ンと能力の両方がきわめて低いという方は実はあまりいません。よくあるパターンが、昔は一生懸命働いていたのに「上司と合わずにモチベーションが下がり続けてしまった」、あるいは「適材適所に配置されていない」という方々です。こういう方々は、ある意味では日本の雇用環境の犠牲者だと思います。これからの日本の企業は人材の流動化が必ず必要になってきます。終身雇用や定年制度といった仕組みを、そろそろ見直す時期に来ているのではないでしょうか。

ここから先も、この「退職勧奨」という問題について、たびたび述べていくことになりますが、単なる「クビ切り」「非情なリストラ」とは別の側面があることも、どうかご理解いただければと思います。

人材が流動化する社会という前提があれば、自分で自分の居場所を選ぶためのバックグラウンドを整えなければならなくなります。若いころから英語や中国語やMBAなどの勉強をしておけば、自分を高く売ることも可能になります。結果的に、そうした勉強が付加価値の高い人材を増やし、企業のなかで成果を上げやすくなる効果もあるのです。

と締めくくっています。終身雇用でなくなると危機感を覚える人は少なくないかもしれません。しかし、流動化する社会であれば、DX（デジタルトランスフォーメーション）などに対応できるようリスキリングし、スキルアップをすることでいくらでも居場所を確保できるのです。

続けて廃止すべきなのが**「人事評価の悪い社員を在籍させ続ける／レイオフにおける希望退職」**です。「人事評価の悪い社員を在籍させ続ける」ことの問題点は、8つの勝利の方程式の「業務改善と退職勧奨」をご参照ください。**「レイオフにおける希望退職」**の問題点について前掲書では、

ご存知のとおり、日本でレイオフは法律で認められていません。業績が悪化した企業が人員削減策として実施できるのは、全従業員に「早期退職」を呼びかけ、割増退職金を与えたうえで退職してもらう方法だけです。

早期退職で問題になるのは、多くの日本企業がある一定の年齢を基準として早期退職の募集をかける点です。「45歳以上」「50歳以上」などと線引きをし、応募した社員をほとんどすべて退職させてしまいます。

しかし、早期退職に応募する社員は、外に出てもやっていく自信がある、つまりは優秀な人材である場合が少なくありません。業績を回復させるために必要な人材が、業績悪化に伴って会社を辞めてしまうという皮肉な状況に陥ってしまうのです。

と述べています。前掲書ではさらに続けて、

外資は法的にレイオフが認められています。業績が悪化したときには、ヘッドカウントリダクションによってコストを削減することが合法的に認められているのです。さらに、前向きなM&Aにおいても、買収先企業と経営を統合する際に生じた余剰人員をレイオフするのも合法です。

そのうえ、外資はレイオフする対象を任意に設定できます。業績の悪い部門のトップや評判の悪い社員などのローパフォーマー、あるいは年俸の高い管理職など、レイオフによるコスト削減効果の高い社員を人事がピックアップしてレイオフできます。もちろん、工場を閉鎖するときに、一般の従業員をレイオフするこ

とも問題ありません。これらのことが合法的にできないから、日本企業の人材の流動化は進みません。

日本企業が業績悪化したときに外資のようにレイオフを実施するには、法律の改正が必要です。その手続きのハードルは高そうですが、合法的にレイオフを実施できるようになれば、会社が潰れるケースは激減していくと思います。そしてその流れは、確実に日本企業にも入ってくると思います。

と述べています。このように、合法的に指名レイオフができるようになれば、大規模な人材の流動化が図れます。現在さまざまな業種で人手不足が叫ばれています。特に建築、物流、運送、ホテル産業、外食産業、医療、介護などが顕著なようですが、人材が流動化すれば、この問題も解決するでしょう。日本企業は一刻も早くＰＩＰ（業務改善と退職勧奨）を導入すべきです。

最後に挙げる廃止すべき点が「**業績未達の場合でも社長が株主総会で「ごめんなさい」で済ます文化**」です。この点について前掲書では、業績が悪化することがわかったとき、外資の場合は売り上げを増やすのは無理でも、どうにかして利益を死守しようとします。そのため、すぐに利益を出すための具体策を講じます。

と述べ、外資系企業の利益を出すことに対するシビアさをお伝えしました。前掲書では続けて、

しかし、日本企業は違うようです。

業績が悪くなっていても、決算の3ヵ月後に開かれる株主総会で謝ればそれで済む——そう思っている経営者が多いのはショックでした。謝るだけで、手を打ちません。いままでどおりの経営を粛々《しゅくしゅく》と続ければいいと思っているのです。業績を悪化させたからといって社長が退任になることがないからです。

と述べています。実際、日本企業の社長は業務悪化による退任より、セクハラなどのコンプライアンス違反による退任が多く見られます。前掲書ではさらに続けて、

外資では、謝ったからといって業績悪化が帳消しになることは絶対にありません。社長はほぼ間違いなく退任になってしまうので、社長は自分の身を守るためにも利益を出すための手を打たなければならないのです。

日本の法律でレイオフができないのであれば仕方がありません。だとしたら、せめて海外出張や接待交際費を削ったり、中途採用を控えたりしてコストをカットする努力だけでもしなければなりません。社長が必死にならなければ、従業員にも危機感は生まれません。

日本企業は、社長にも従業員にも危機感がありません。そこが最大の問題です。業績悪化は非常にわかりやすいケースですが、外資は業績が悪化していなくても、コミットした目標に達しなかった場合は、強烈なプレッシャーにさらされます。

と述べています。前掲書では続けて、

シニアマネジャーから部長に昇格するためのペーパーテストをやっている企業

がいまだにあります。これでは、勉強のできる人が上に上がり、勉強の苦手な人はいつまで経っても昇格できません。重要なのは実績であるにもかかわらず――です。

しかも、昇進試験の勉強をするために、本来やるべき仕事をしない。効率と生産性を重視する外資では考えられないことを、平気でやっている上場企業が、まだあるのです。

やはり、日本の常識は、世界の非常識と言っても過言ではありません。いまの日本企業のやり方では、世界で通用しません。高度成長期には、日本企業のやり方が機能しましたが、バブル崩壊後は通用しなくなっています。

一方で、日本企業は定年を延長する方向に進んでいます。感覚で申し訳ありませんが、日本企業は全体として3割ぐらい人が多いような気がします。

と述べ、最後に、

日本企業に「ごめんなさい」で済む文化がある限り、効率化も生産性の向上も見込めないでしょう。

と締めくくっています。

旧態依然とした日本独特の人事施策は優秀な従業員のやる気をなくし、エンゲージメントを大きく下げています。第1章で述べた通り、エンゲージメントが1ポイントほど向上すると、利益率が0・35％アップするので、これらを参考にすると日本企業の生産性を20％ほど下げているのだろうと私は思います。約30％の人材過剰を生みだす新卒一括採用を含め、ここに挙げた6つのやり方を今すぐ廃止すべきです。そうすれば、現在アメリカの企業の半分でしかない日本企業の生産性はアメリカに近づき、業績もアメリカ並みに向上すると思います。

これらの問題の原因は企業だけではありません。日本郵船元会長の故根本次郎氏は不況下だった1996年、「賃上げは景気回復につながらない」と述べ、日本経済団体連合会会長として「ベアゼロ」を訴えました。その結果、日本に賃上げ停滞を招き、日本の給与水準は先進国で最低となったのです。まず、内部留保の多い大企業の社長は一刻も早く生産性を上げ、社員の給与を上げるべきです。業績が上がるから給与が上がるのではありません。給与が上がるから業績が上がるのです。日本経済新聞によれば、東証プライム上場企業のうち、金融などを除く約1300社の平均年収と業績を調べると、2022年度の平均年収が3年前より10%高くなった企業は180社で、給与を上げた企業の利益が平均48%増加しており、増収率も約1300社の平均を2倍以上、上回っているというのです。また、2018年時点で日本企業の内部留保がGDP比ではG7で一番高いというデータもあります。日本はGDP比で129%、対するアメリカは40%です。アメリカでは内部留保税が20%課税されます。日本は企業に貯め込むのではなく、賃上げという形で早急に社員に還元すべきです。

日本でも給料に関する意識は変わってきています。2024年3月時点の上場企業における役員報酬が1億円以上の役員数は、前年度より12%増加し、811名になりました。これは過去最多の人数です。

欧米と比べてまだ少ないものの、悪くない流れと言えるでしょう。このまま業績に連動し高額報酬を得られる人が増え、早く欧米並みの水準になるとよいと思います。しかしながら、役員の報酬だけを上げるのでなく、社員の業績連動比率も高くし、彼らの年棒もしっかりと上げていただきたいものです。

外資流を実行した企業の実例とその成果

これまで、私の45年以上の外資系企業における経験をもとに、「外資流の経営」とはどういったものなのかについてお話ししてきました。

しかし、多くの日本人読者の中には、まだまだ外資のやり方に対するアレルギーのような拒絶反応を起こす方も少なくないのではないでしょうか。

これからの日本にとって、外資のやり方を導入することが起死回生の策になると私は信じています。そして、それは決して机上の空論でも妄想でもありません。

私は、ウォルト・ディズニー・カンパニーを退職して以来、複数の会社で社外取締役および顧問を務めるようになり、それまでに培った外資流の経営手法を日本企業に導入するお手伝いをしてきました。

そのいずれの企業においても、外資流の経営手法は実際に功を奏しています。日本企業だからといって、外資流が通用しないわけではないのです。

ここでは、私が経営改革のお手伝いをさせていただいた、粧美堂株式会社の実例を紹介しつつ、外資流を導入した結果、どのような成果が上がっているのかについてお話ししたいと思います。

粧美堂株式会社は、あらゆる人たちの身近に笑顔を咲かせようという企業理念を掲げ、メイクアップグッズを中心に豊富なパーソナルケア商品を取り扱う総合企画メーカーです。歴史は古く、創業は1949年。2023年9月期の売上高は連結で204億4300万円にも達しています。

私が粧美堂株式会社の寺田正秀社長と出会ったのは、ウォルト・ディズニー・カンパニー在籍時でした。粧美堂は、ディズニーの数あるライセンシーの中の一社で、ディズニーのキャラクターを取り入れた化粧雑貨を販売されていたのです。私と寺田社長は、ライセンサー側の責任者とライセンシーとして出会いましたが、当時から単なるライセンサーとライセンシーという関係だけではなく、ブランディングやマーケティングについてなど、さまざまな話をさせていただきました。

そうして粧美堂とご縁ができ、私が2018年6月にディズニーを円満リタイアした直後から、アドバイザーとして経営のアドバイスをさせていただくことになりました。

その時点までの粧美堂の業績をざっと説明しておきますと、1999年にウォルト・ディズニー・ジャパンとライセンス契約を締結、2009年にJASDAQに上場したあと、2011年9月期に東証一部に上場しています。営業利益率は、東証一部に上場した2011年9月期は9・4％で過去最高の営業利益12億6000万円を達成していました。この頃は、為替レートが円高で1ドル＝80円台だった時期で、海外から輸入する粧美堂にとっては、とりわけ良い環境だったそうです。

ところが、その後は営業利益率が低迷し続け、0・7～2・6％をウロウロする状態が続きました。私がアドバイザーに入った2018年6月頃は、まさに粧美堂の業績が低迷にあえいでいた真っ只中でした。寺田社長には、このままではまずいという危機感があったようです。寺田社長は、私がアドバイザーとして最初に聞いた質問を今でも覚えているそうです。

私は、寺田社長に会うなり、「社長、今日のヘッドカウントを教えて」と言ったのです。

ヘッドカウントとは、現在その企業に採用されている人員の数のことです。寺田社長は、期末の人員数は把握していたものの、今日のヘッドカウントはまったく頭になかったようで、「だいたい300人くらいですかね」と答えました。

まず、外資流では、人員が最大のコストなのだから、そこをちゃんと把握していないとダメだという話から始めたのです。当時、寺田社長も人員が多すぎるという認識はあったそうです。

それまでの粧美堂は、最大で311人の人員を抱えていましたが、従業員一人当たりの営業利益は平均しておよそ100万円前後と低いレベルが続いていました。年功序列、終身雇用のまさに昔ながらの日本の企業という感じで、特にベテラン社員の緊張感が薄いと感じていたようですが、当時の寺田社長は「全社員ハッピーになってほしい」という考えのもと、全員の声を聞いていました。しかし、それが逆に不協和音を生んでいたそうです。そのため、私はその状況を聞き、人員の圧縮と、さらにただ減らすだけではなく、パレートの法則に則って「上位20%の人員には手厚くするように人員圧縮をする」ことを勧めました。

その後、会社として議論を重ね、人員の圧縮を進めることになりました。

その結果、最大で311人もいた人員は、200人台前半まで減ることになりましたが、かといって売上や利益が下がったかというとそうではありませんでした。むしろ、私の目論見通り、残った社員のモチベーションが高くなり、残業代が増えることもなく、労働生産性は図のように飛躍的に向上したのでした（次ページ参照）。

私が勧めたのは、ただのコストカットを目的とした人員整理ではなく、「完全成果主義」の導入とその必然的結果としての人員整理でした。

人員を削減する必要性を伝えたあとは、私のディズニー時代の元部下でマッキンゼー出身のコンサルタントの力を借りて、外資系企業がやっているように5年間の中期経営計画を立ててもらうことにしました。そこで立てられた目標は、売上200億円、営業利益率10％というものでした。当時の営業利益率は1～2％程度でしたから、その目標を聞いた社員たちは、キョトンとしていたようです。

そして、寺田社長は、中期経営計画の発表とともに、報酬制度も変えることを決めました。寺田社長は「利益が上がれば、それだけ従業員に還元する」ということを、中期経営計画の発表とともに社員に伝え、「みんなの給与を倍にする」と宣言したのでした。

■粧美堂（株）労働生産性推移

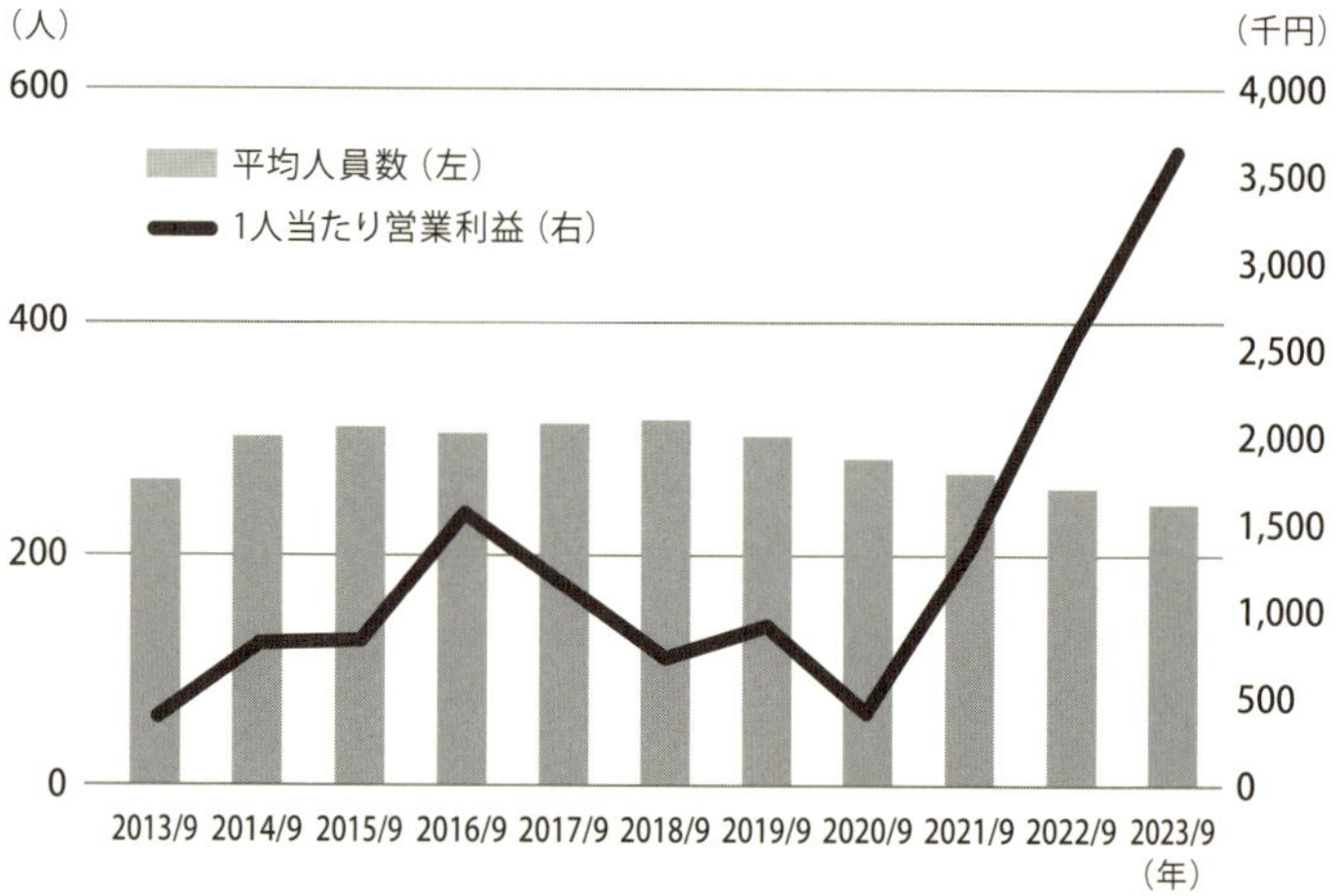

連結ベース（期）	平均人員数（人）	一人当たり営業利益（千円）
2013/9	261	394
2014/9	298	811
2015/9	305	841
2016/9	301	1,542
2017/9	308	1,104
2018/9	311	729
2019/9	297	885
2020/9	278	401
2021/9	264	1,347
2022/9	249	2,616
2023/9	238	**3,579**

はじめは「社長は調子の良いことを言っているだけでは」と半信半疑だった社員たちも、寺田社長が本当に各自の業績に応じて給与をどんどん上げていくと、俄然、彼らのやる気が上がっていったそうです。

しかも、完全成果主義に基づき、それまでは他の日本企業と同じように充実していた「手当」をほぼすべて廃止し、年功序列も廃止したことで、特に若手のやる気が上がるとともに、マネジャー職のポジションも大幅に減らし、現場に積極的な権限移譲を行ったことで、全社に活力が生まれていきました。この社風についていけて、自分の実力を発揮でき、なおかつ会社が利益を上げることができれば、どんどん給与が上がっていく。そうすれば、人員が少なくなったとしても、残った社員のモチベーションもエンゲージメントも上がる。これは、外資系企業が当たり前のようにやってきたことですが、それが日本の企業でもちゃんと通用したのです。

そうした経営改革の結果、粧美堂の長年低迷していた営業利益率は2022年9月期3・7％、2023年9月期4・3％と順調に上昇しており（235ページ参照）、この間円安が急激に進んだことを勘案すれば、大きく改善したといえると思います。

外資流のやり方を導入すれば、当然、痛みは伴います。それについていけない人たちも出てくるでしょう。しかし、長い目で、広い視野に立って考えれば、そうした人たちも、変化を受け入れて精進すればより豊かな人生を歩めるようになるはずです。

万人に優しくしない外資流のやり方は、決して非情なやり方ではなく、効率を追求することで長期的に全体の幸福を底上げしようとするやり方なのです。

■粧美堂（株）の売上高と営業利益率の変化

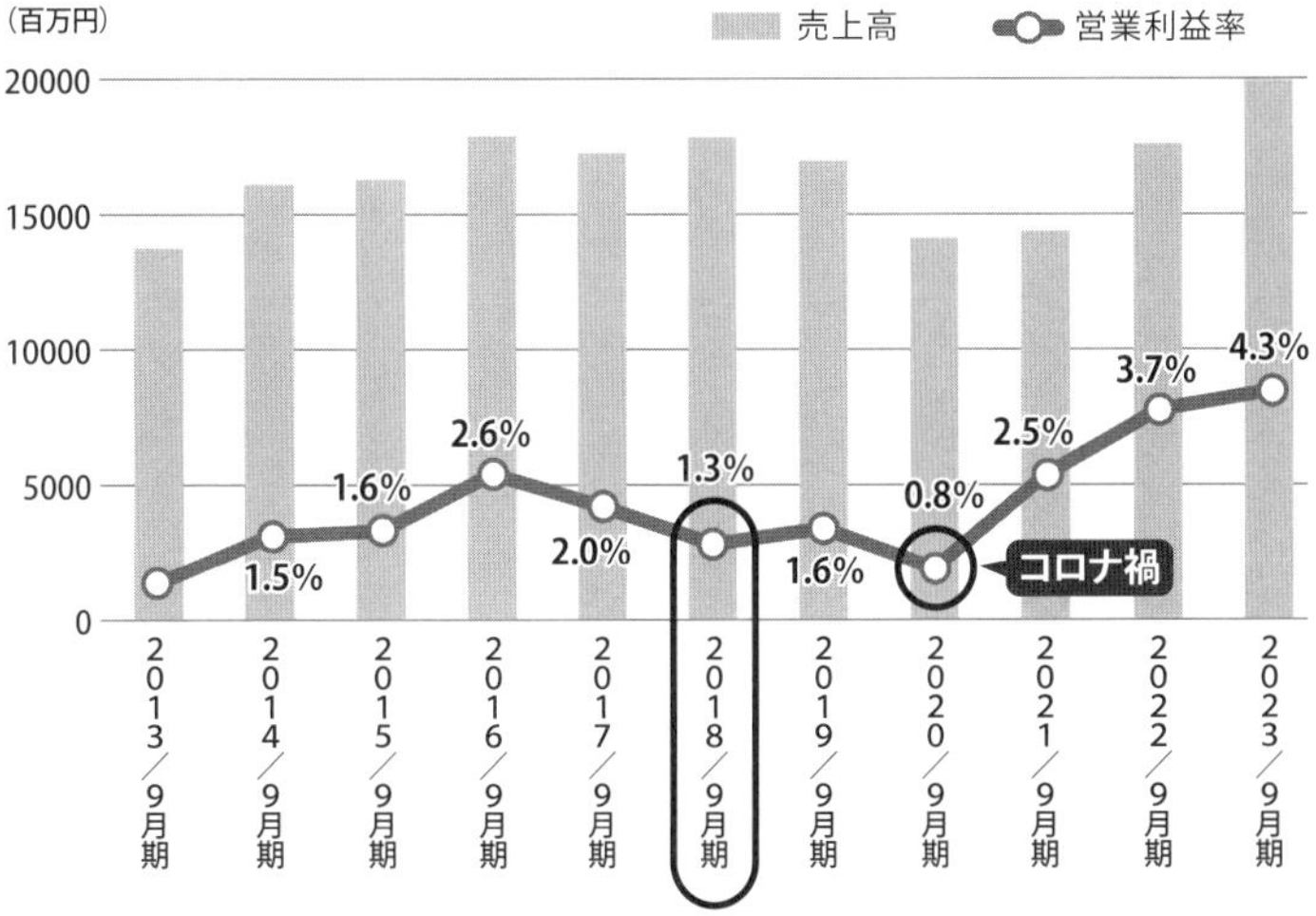

期間	区分	主な出来事
2013/9月期～ 2018/9月期	停滞期	収益停滞 コンタクトレンズメーカーを M&A
2019/9月期～ 2021年/9月期	改革期	粧美堂に社名変更 社内大改革をスタート
2022/9期～ 2026/9月期	発展期	総合企画メーカーとして 成長戦略を推進

転職のススメ

さて、ここまで外資系企業で長年働いてきた私なりの日本企業へのアドバイスを書いてきました。

私は、日本企業が外資のやり方を導入すれば、もちろん変化によるある程度の痛みは伴うものの、長い目で見ると日本経済は復活していくはずだと思っています。

ところが、本書を読んでいる皆さんの多くが、ご自分の勤めている企業に外資のやり方を導入する権限を持っているとは限りません。

それでは皆さんは、沈みゆく日本企業にそれが沈まんとしていることを知りつつ残り続けるしかないのでしょうか？

そうではありません。皆さんにもできることはあります。

それは転職です。今般の状況下で一社員にできることは、より良い会社に転職をすることです。もちろん、一人で社内を改革できるという人は踏みとどまればいいと思いますが、自分一人の力で会社を変えることができない人は、転職すべきです。

ここでは、私なりの転職のススメと題して、どういった基準で転職先を選べばいいのか、どのように転職戦略を立てればいいのかについてお話ししたいと思います。

日本でも、昨今では昔に比べて転職が当たり前のことになりつつあります。昔ほど転職しにくいということはなくなってきました。

日本人の平均転職回数は、労働政策研究・研修機構（JILPT）の調査によれば、男性2・89社、女性3・03社となっているようです。一方、アメリカ人の転職回数は7～8回くらいです。日本人のおよそ2倍程度、アメリカ人は転職をしていることになります。

これはひとえに、アメリカの企業が「人材の流動性」と「効率」を重視し、結果の出せない人間にそのポジションから退いてもらって、常に適材適所を追求し続けているからこそですし、また、アメリカでは企業の業績が低迷した時に合法的にリストラ（指名解雇）を行うことができるからです。

転職を恐れることはありません。むしろ、あなたが伸び盛りの時期に典型的な日本企業に踏みとどまり、完全成果主義とは真逆の価値基準の中に居続けてしまうと、周囲の人々と同じように自己研鑽を怠ることとなり、「結果を出せなくてもこのまま会社にいれば給料をもらえるから」と消極的な人生を生きることになります。これまではそれでも良かったかもしれませんが、今後、日本企業の体質が外資寄りに変わっていった場合、気づいた時にはあなただけが古い価値観にしがみついていたなどということになってしまうかもしれません。また、日本は自殺率がとても高いことで知られています。2015年の10万人当たりの自殺率は日本が26・6人、アメリカが21・5人、イギリスが11・6人です。ここで注目すべきは日本のみ、仕事に関する悩みが自殺の原因の半分を占めることです。転職が当たり前となれば、仕事が楽しくなったら転職すればよくなり、自殺率も減るはずです。

自分を変えるなら今です。もし、今のあなたが、

「仕事が楽しくない」

「パッション（情熱）を感じられない」

「どう頑張っても会社の業績が上がることなく、給料も上がらない」

と感じているなら、すぐに転職を考えるべきです。私はこれまでに3回転職をしましたが、いずれの時もこれらに該当していました。

さて、転職戦略を立てる際に、ぜひ念頭に置いていただきたいポイントがいくつかあります。

まず、「ブランドランクの上の会社を目指すこと」です。つまり、あなたがある業界で第5位のブランドランクを占めている企業に勤めているのなら、それよりも大きなブランドランクを持つ企業、第4位以上の企業への転職を考えるべきです。

ただし、ブランドランクが上位の企業に転職すると、年俸は上がるかもしれませんが、タイトル（職位）が下がることがあります。また、タイトルが変わらないということもあります。

逆に、ブランドランクが下位の企業に転職すると、普通はタイトルが上がりますが、年俸が下がるかもしれません。

また、「同じ年俸で転職するな」というのも、念頭に置いてください。これは私が知っているヘッドハンターが言っていたことですが、転職というものは100％成功するとは限らず、30%は失敗してしまうものなので、そのリスク分をあらかじめ考慮に入れておく必要があるとのことです。つまり、転職が失敗しても損をしないように、部長・役員クラスであれば、従来の年俸の約30%程度を上乗せした給料を確実にもらえるような企業に転職するようにするといいでしょう。私は3回転職していますが、ベース給はその都度30%ずつ上がっています。また、マネジャー、アシスタントマネジャークラスなら10%アップを目指すといいでしょう。仮に、今の会社と同じ年収を提示されたら他の転職先を探すべきです。これを怠ると、転職にも失敗し、年収も下がってしまい、後悔することになります。

私自身の転職の話をしますと、KFCからウォルト・ディズニー・ジャパンに転職した際には、エグゼクティブ・ヴァイスプレジデントからただのヴァイスプレジデントにタイトルが2段階も下がってしまいました。しかし、KFCとウォルト・ディズニー・ジャパンでは、会社のブランドランクがディズニーのほうがはるかに上でしたので、私は年俸も上がり、タイトルダウンを許容できたということです。

このように、転職先を決める時には、自分のタイトルがどうなるのか、会社のブランドランクはどうなるのか、年俸はどうなるのかという3つの基準を相対的に考慮に入れる必要があります。

また、社長のタイプも重要です。私は以前、ウォルト・ディズニー・ジャパンのすべてのディビジョンを統括していたこともあり、300社ほどの上場企業の社長とお会いしました。その経験から、私は社長のタイプは大きく分けると4種類になることに気づいたのです。

このことについて自著『外資の流儀　生き残る会社の秘密』（講談社現代新書）では、

第一のタイプは、自ら起業して会社を大きくした「起業社長」です。ソフトバンクの孫正義さん、楽天の三木谷浩史さん、私の高校時代の同級生であるツタヤの増田宗昭君などが該当します。創業者であるお父さんの会社を一新し、急成長させたユニクロの柳井正さんもこのタイプに入るでしょう。

第二のタイプは、いわゆる「プロ経営者」です。ジョンソン&ジョンソン、カルビーからライザップに転じた松本晃さん、日本コカ・コーラから資生堂に転じた、私の大学の後輩にあたる魚谷雅彦さん、ローソンからサントリーに転じた新浪剛史さんなどが該当します。

と述べています。なお、松本晃さんは現在退任されています。前掲書では続けて、

第三のタイプは「サラリーマン社長」です。サラリーマンとして普通に入社し、そのまま出世して社長に就任した人たちです。旧財閥系や歴史的な大会社にこのタイプが多い傾向があります。このタイプの社長の特徴としては調整型が多く、社内の派閥に属してその内部で勢力を伸ばし、最終的にOBなどの重鎮から指名されるケースが往々にしてあります。

そして第四のタイプが、中小企業をはじめ、日本企業ではもっとも数が多いとされる「世襲社長」です。オーナー家の跡取りとして生まれ、幼いころから社長を承継するものとして育てられた人物です。このタイプの社長は、会社を潰さないように堅実な経営をする方が多いようです。

と述べています。ちなみに全企業の99・7%以上が中小企業です。世襲社長にはケチなオーナーも多く、中には安い賃金で長時間働かせ、パワハラをするオーナーもいるようです。前掲書では続けて、

一般論ですが、「起業社長」「プロ経営者」の会社は、「サラリーマン社長」「世襲社長」の会社に比べるとリスクをとってハイリターンを狙う、ゆえに成長も高めのところが多い。

と述べています。また、「起業社長」「プロ経営者」は、ビジョンを持っている社長が多いと思います。社長のタイプというのも転職先の参考になるでしょう。

もう一つ、転職に際して念頭に置いていただきたいのは、「他社でも使えるスキルを身につけるために日頃から自己研鑽をしておく」ことです。

日本人のビジネスパーソンは、アメリカのビジネスパーソンに比べて、自己研鑽をしている人が本当に少ないです。

「Business Management degree」によれば、大富豪を含む富裕層（純金融資産1億円以上）と年収300万円以下のビジネスパーソンの読書量には、大きな差があることがわかっています。1日30分以上ビジネス書を読む人の割合は、前者が88％に達しているのに対し、後者はわずか2％だったのです。そして、ビジネス総合誌「PRESI-

DENT」の調査によると、日本の20代、30代の一般的な人が1年に3冊しか本を読まないのに対し、30代で年収3000万円以上の人は月に3冊、つまり1年に36冊も本を読んでいるそうです。

このことから見ても、日本人は自己研鑽をする人が非常に少ないということが言えると思います。自己研鑽をしていない人が良い転職ができるとは思えません。

転職を成功させたいならば、今自分が働いている企業以外でも求められるスキルを身につけておく必要があります。日頃から転職を視野に入れて、自己研鑽を積んでください。そうでないなら、あなたがいる場でしか求められないかもしれません。アメリカ人は、日本人の倍以上転職を経験する機会が多いので、その分、自己研鑽を積むのが当たり前になっています。

あなたが、もし外資系の企業や伸びているベンチャー企業に転職したいと考えている場合、どういったことに気をつけるべきでしょうか。もちろん外資では日本流の経営などはしていませんから、日本流の考え方は捨て去らなければいけませんが、だからといって外資系の採用担当者があなたのスキルだけを見るかといえば、そうではありません。

私もこれまでに転職者の最終採用面接をしていましたが、その際に特に重視したのは以下の3つの項目でした。1位が「情熱」、2位が「人柄」、3位が「能力」です。これらの項目は、上から順番に重視していました。つまり、能力は3番目だったのです。どれほど能力が高くて、人柄が素晴らしくても、情熱なき者には目標を達成したり、何かを成し遂げたりすることはできません。ですから、情熱を感じられない人は採用していませんでした。

そして、情熱があって、能力が高くても、人柄が悪く敵が多いとチームワークが上手く機能せずに目標達成ができないことがあります。というわけで、私は必ずリファレンスを確認し、能力そのものよりも、情熱と人柄を特に重視して採用を決めていました。外資が「完全成果主義」だからといって、能力だけを見られると思ったら大間違いなのです。

これも念頭に入れておいてください。

人生は100年です。しかし、政府は年金制度の崩壊を危惧してNISA枠を増やしました。給与のよい会社で働き、自分の資産を貯める必要があります。そのためにも、あなたの転職が、あなたのさらなる飛躍につながるよう祈っています。

日本社会への提言

企業が外資流の経営を行って業績が上がったとしても社会がグローバルスタンダードと乖離していては、いつまで経っても世界に追いつくことはできません。最後に、私が考える日本がより良くなるために取り入れたいグローバルスタンダードをいくつか提言します。

①国の長期計画を作り、国民に伝える

ビジョンが示されていないとモチベーションが上がらないのは、企業も国も変わりません。「日本政府が5年後、10年後、日本をどのようにしたいか」ということを国民に示すことで、国民は日本の未来に希望を持てるのではないでしょうか。そのためにも日本政府は5年、10年の夢のある中長期計画を作り、国民に説明すべきだと思います。

②サマータイムと9月入学の導入

アメリカでは3月の第二日曜日から11月の第一日曜日まで、時間が1時間早まります。日本でもサマータイムを導入すれば、通勤通学時の暑さを避けることができ、電気代も3％コストを削減することができます。また、1時間日没が遅くなるので、レジャーやインバウンドの活性化にもつながるでしょう。

同時に変えたいのが、学校の入学や海外の学校からの編入、日本から海外への留学時期の変更です。現在、OECDで4月入学なのは、日本とインドの2カ国のみです（韓国は3月入学）。この入学時期を9月に変更することで、海外の学校からの編入がよりスムーズになるほか、春休みをなくして、7月から8月の夏休みを長くすることができるので、熱中症対策にもなるでしょう。また、就職活動をしている学生はこの時期に長期のインターン活動ができるようになります。

③移民受け入れの活性化

アメリカでは毎年100万人の移民受け入れをしています。一方、日本には外国人296万人（2・4％人口比）が定住しているにもかかわらず、移民の数は少ないのです。アメリカでは移民のほうが出生率が高いので、少子高齢化の進む日本でも移民の受け入れを活発にし、出生率を上げてもらうべきだと思います。

外国人の就労ビザの一つに「特定技能」というものがあります。これは日本国内で人手が不足している産業分野で働いてもらうための在留資格で、1号と2号に分かれます。現在、政府は特定技能1号の対象分野を16分野に拡大し、2024年から2028年までに82万人を受け入れる予定としています。一方、2号はより熟練した技能を条件としており、期限なく延長が可能で、家族を日本に呼び寄せることもできます。この資格試験は外食産業や製造業などで実施されていますが、2023年末時点でわずか37人しかいません。

また、IT人材など、高度外国人材のための在留資格として「高度専門職1号（ロ）」があります。ポイント制が導入されており、学歴や職歴、年収などが高度人材ポイントで評価され、点数の合計が70点以上の場合、在留歴に係る永住許可要件が緩和されます。外国人人材を受け入れることで、成長期待が高まります。同時に企業の設備投資を促せば、労働生産性は上がり、賃金の上昇も望めることでしょう。

ただし、高度人材を優先して受け入れられるように、アメリカの移民（グリーンカード）審査のように高度人材（ITエンジニアなど）の審査を早くし、高度人材移民とブルーカラー労働者移民とのバランスをうまく取れる制度を整える必要があります。最終的にはイギリスのように人口の10％の移民を目指すべきでしょう。日本は観光・移住したい国でベスト3に入っているので、ニーズはあるはずです。

④コンパクトシティの導入

少子高齢化や都市部への人口集中によって過疎化が進んでいる地域が多く見られます。移民政策が失敗し、出生率や未婚率が改善されなければ、2050年には今より人口は3300万人減少し、日本の人口は9500万人となるそうです。また、現在は人が居住している地域の約20％が無居住化し、人が居住している国土の面積も現在の約50％から40％まで減少するとのことです。このような最悪の事態に備え、今のうちからコンパクトシティ化を進めるべきだと思います。具体的には以下のことをすべきです。

・都道府県を統廃合し、道州制を導入
・国会議員を削減
・市町村の統廃合と地方議員の削減
・公立高等学校・中学校・小学校の統廃合
・行政サービスの限界ラインの策定

道州制は電力会社の区分を参考に、北海道、東北、東京、関西と分け、中部と北陸、中国と四国、九州と沖縄をそれぞれ統合した7つの道州にして行政の効率化を図ると良いのではないでしょうか。

また、行政サービスの限界ラインについては、行政サービス（電気やガス、水道、ごみの回収、郵便配達、道路整備など）を国土の広いアメリカやオーストラリアに倣ってエリアを限定すべきです。地方の過疎地などで「ポツンと一軒家」に住みたければ自己責任で生活してもらうしかありません。それがたいへんであれば、インバウンドをうまく利用し、地方再生、過疎地再生を進めるべきでしょう。

⑤良い子をしっかりと守る社会にする

「子は宝」「良い子に育つ」などの格言がありますが、現在は少子化なので、私たちは「良い子」をしっかりと守る社会にするため、以下のことをすべきです。

・いじめはいじめた子どもを転校させる
・通学路にスピードバンプを設置
・養子縁組の活性化

まず、いじめについてです。日本ではいじめを苦に転校するケースが多く見られますが、欧米でいじめが発生した場合、いじめた子どもを強制的に転校させます、また、いじめのひどさによって罰金や懲役も科されるのです。フランスなどでは先生が生徒にセクハラした場合、数千万円の罰金刑と長期間の禁固刑が科せられます。犯罪の抑止力にもなるので、欧米のように加害者が罰を受けるかたちにすべきだと私は思います。

次にスピードバンプの設置についてです。スピードバンプやハンプとは、海外の道路でよく見られる車の速度を落とすためのこぶで、バンプは幅30センチメートル、高さ約10センチメートルで物理的にスピードを時速15キロメートル前後まで減速させます。ハンプは幅4メートル、高さが約10センチメートルで時速25キロメートル前後まで減速させます。バンプはアメリカではスタンダードであり、黄色でよく目立ちます。マクドナルドのドライブスルーにも設置してあります。日本の通学路ではよく時速30キロメートルなどの速度制限がされていますが、通学時間帯である朝はだれもが急いでいるため、速度を守らない車がほとんどです。そこにバンプやハンプを設置すれば、物理的に速度を落とすことができます。日本は交通事故における歩行者の割合が先進国の中でも高いので、せめて通学路には一刻も早く導入すべきでしょう。

最後に養子縁組の活性化についてです。アメリカは未成年の養子縁組が盛んで、約77%が里親になっています。アメリカではゲイカップルやレズカップルの多くが養子縁組をしています。一方、日本は18%にとどまっています。養子縁組しやすい社会になれば、さまざまな理由から子どもができない家庭も子どもを持つことができ、苦しい状況で子どもを育てている家庭も無理せず養子に出すことが増えるでしょう。だれもが子どもを育てたくて育てるようになり、児童虐待も減るのではないでしょうか。

以上が私の考える日本に導入すべきグローバルスタンダードです。これらが実現すれば、日本はきっと素晴らしい国になるでしょう。

■参考文献

『外資の流儀　生き残る会社の秘密』中澤一雄／講談社現代新書
『日経ビジネス　２０２４年1月29日号（No.2226）』日経ＢＰ
『成功はゴミ箱の中に　レイ・クロック自伝』レイ・クロック、ロバート・アンダーソン（共著）、野崎稚恵（訳）／プレジデント社
『ユダヤの商法［新装版］』藤田田／ＫＫベストセラーズ
『日本マクドナルド「挑戦と変革」の経営〝スマイル〟と共に歩んだ50年』日本マクドナルド株式会社／東洋経済新報社
『日本マクドナルド20年のあゆみ 優勝劣敗』日本マクドナルド株式会社広報部／日本マクドナルド株式会社
『ディズニー伝説』ボブ・トーマス（著）、山岡洋一、田中志ほり（訳）／日経ＢＰ
『ディズニーＣＥＯが実践する10の原則』ロバート・アイガー（著）、関美和（訳）／早川書房

■スタッフ

編集協力：齊藤健太、佐藤裕二、林賢吾（株式会社ファミリーマガジン）、苅部祐彦
本文デザイン・ＤＴＰ：山下真理子（株式会社ファミリーマガジン）
装丁デザイン：小口翔平＋畑中茜（ｔｏｂｕｆｕｎｅ）
取材協力：粧美堂株式会社

おわりに

私は、米国を代表する2社、マクドナルドとウォルト・ディズニーでそれぞれ25年、13年間トップマネジメントとして勤め上げ、多大な成果を残しました。

また、ウォルト・ディズニーをリタイア後は複数社、上場企業の社外取締役、顧問などを経験し、外資の流儀（ジョブ型など）を導入して大きな成果を上げました。

このように米国、日本の会社を経験した私から見て、戦後の高度成長期には〝Japan as No.1〟とまで言われていた日本企業の経営は、今やグローバル化が進行する世界の潮流に合っていないと痛感しました。

そこで、本書では効率化・合理化を重んじるグローバルスタンダードのマクドナルド、ウォルト・ディズニーでの私の経験を皆さんにお伝えしたいと思い、筆を執りました。日本が少しでも暮らしやすく、幸福な社会になればという思いが本書には込められています。

40年以上にわたるマネジメントの経験から、上のタイトルに行けば行くほど、周囲360度に向けた気配りが必要になると感じています。

最後に私のモットーを記しておきます。

・常に頭は低く、アンテナを高くすること（高学歴の方はこの反対の傾向があります。これをすると、色々な情報が入ってきます）
・社内外に敵を作らないこと（敵を作っても何の得にもなりません）
・成果は行動に比例すること
・人間は失敗して成長すること（二度と同じ失敗は繰り返さない）
・評論家にならないこと（大事なのは有言実行）

皆様の成功を祈念しています。

最後に、本書のインタビューに快く協力してくださった粧美堂社長の寺田正秀氏には深く謝辞を申し上げます。

中澤一雄

中澤一雄（なかざわ かずお）

1950年、奈良県生まれ。同志社大学工学部電子工学科卒業後、1973年4月、日本マクドナルド（株）に入社。オペレーション部門のディレクターやマーケティング部門のシニア・ディレクターを歴任。米国マクドナルド社本社に3年間勤務。POSや「メイド・フォー・ユー」システムの開発に関わる。1999年、ディズニーストア・ジャパン（株）にストア・オペレーションのディレクターならびにマーケティング、セールス・プロモーションのディレクターとして入社。3年間で事業規模を2倍にするなど経営再建に手腕を振るい、総責任者として活躍。2004年、日本ケンタッキー・フライド・チキン（株）取締役執行役員常務に就任。2008年4月、ウォルト・ディズニー・ジャパン（株）のライセンス部門・コンシューマープロダクツ日本代表に就任。「おとなディズニー」の導入による消費者ターゲットの拡大などにより、7年連続で部門の増収増益を達成。2015年10月、ウォルト・ディズニー・コリアのマネージング・ディレクターに就任。2016年8月より、ウォルト・ディズニー・ジャパン（株）の各事業部門の統括責任者として、シニアゼネラルマネージャー／シニアバイスプレジデントに就任。2018年1月より、ウォルト・ディズニー・ジャパン（株）の相談役に就任。2018年6月、大幸薬品（株）の社外取締役に就任。2019年9月、常勤監査役に就任。2020年6月、専務取締役に就任。2022年3月に退任し、2024年現在、複数の上場企業の顧問を務める。また、コンサルティング会社（株）KUREYONを立ち上げ、代表取締役に就任。著書に『外資の流儀　生き残る会社の秘密』（講談社現代新書）がある。

ディズニーとマクドナルドに学んだ
最強のマネジメント

2024年10月5日　第1刷発行

著　者　　中澤一雄
発行人　　関川 誠
発行所　　株式会社 宝島社
〒102-8388
東京都千代田区一番町25番地
電話（編集）03-3239-0928
（営業）03-3234-4621
https://tkj.jp

印刷・製本　　サンケイ総合印刷株式会社

ISBN 978-4-299-05667-2